SCHWARZWALDKLINIK

Elke Heidenreich, Volker Kühn, Jürgen von der Lippe u. a.

Rasch und Röhring Verlag

pardon-Briefe aus der Schwarzwaldklinik

Rudi Völler
Heiner Geißler
Kuddl Schnööf
Raine
Else Stratmann
Franz Josef Strauß
Harald Juh
SCHWARZWALDKLINIK
Jörg A. Elten
Christian Morgenstern
Julius Hackethal
Heinrich von Kleist
Johannes F
Ernst Jandl
Wilhelm Tell
Götz George
Helr
Johann Wolfgang Goethe
Thomas Mann
Bo

Das Team der
Schwarzwaldklinik grüßt seine Patienten:
SCHWARZWALDKLINIK
ria Rilke
Günter Wallraff
Wolfgang Amadeus Mozart
Charles Bukowski
Mathias Kneißl
Rudolf Augstein
anfred Köhnlechner
Friedrich Zimmermann
Friederike Kempner
Eva Braun
Peter Glotz
hl
Svende Merian
Ignaz Kiechle
ker
Wolfram Siebeck
Filser, Sepp
Werther

SCHWARZWALDKLINIK

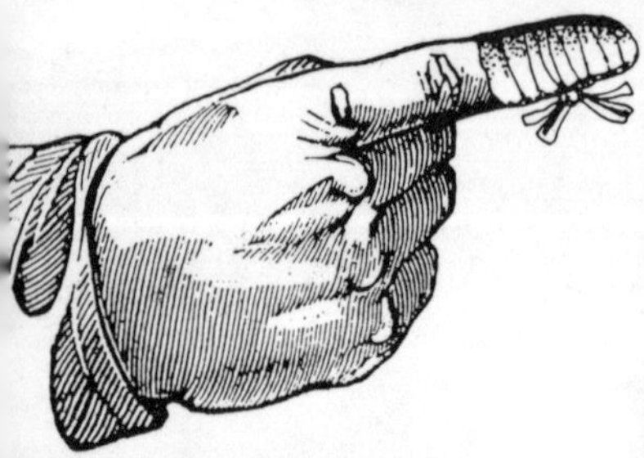

SCHWARZWALDKLINIK

Inhalt

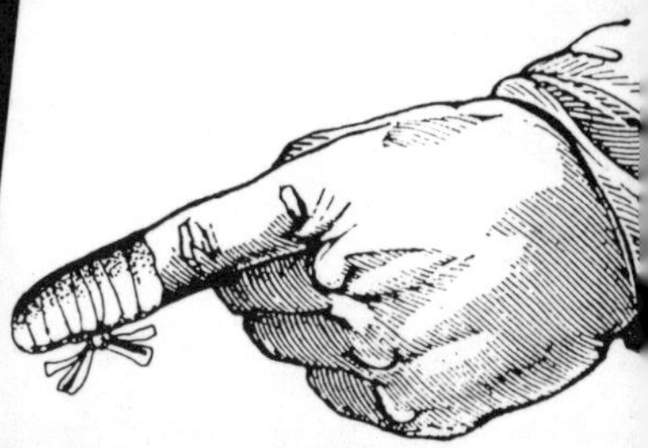

Von Pepsch Gottscheber

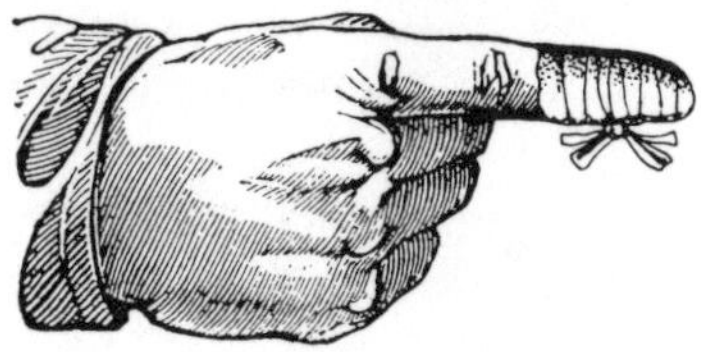

Als der Chef noch ein Lausbub war

Notizen eines normalen Krankheitsverlaufs

z. Zt. Schwarzwaldklinik, 15.12.85
Zimmer 315

Herrn
Dr. Thomas Lattke
Schöne Aussicht 28
6384 Schmitten/Ts.

Lieber Doc,

aus dem schönen Glottertal sende ich Ihnen herzliche Grüße.
Auch wenn Sie anfangs zögerten, mir meinen Wunsch auf Einweisung in die Schwarzwaldklinik zu erfüllen – glauben Sie mir: Das hier ist die richtige Therapie für mich! Wie Sie selbst sagten, kann mir im Augenblick nur ein streßfreier Kuraufenthalt in landschaftlich reizvoller Umgebung helfen. Sie werden sehen, in zwei, drei Wochen bin ich wieder obenauf. Wenn es mir gelingt, auf diesem herrlichen Fleckchen Erde, das Sie sicher aus dem Fernsehen kennen, den Umstand zu vergessen, daß es ausgerechnet Günter Wallraff war, der mir mit seiner Buchidee »Ich war ein Kümmeltürke« zuvorkam und jetzt diesen Erfolg hat, den ich so dringend brauchte, bin ich, keine Frage, wieder aus dem seelischen Schneider.

Von Volker Kühn

Ich verspreche Ihnen, schön brav zu sein und fürs erste keine Zeile zu schreiben. In einigen Wochen, da bin ich sicher, bin ich wieder topfit und ganz der alte.
Schon gestern abend bei meiner Ankunft, als man mir hier einen mittelgroßen Bahnhof bereitete — Professor Brinkmann mit Gefolge auf der Freitreppe —, spürte ich, daß ich meine endogenen Depressionen bald im Griff haben werde. Obwohl ein derartiges Massenaufgebot von Weißkitteln auch schon wieder etwas Beängstigendes hat. Nun verstehe ich erst, warum Sie mir als Hausarzt immer in schlichtem Loden gegenübertraten und Vertrauen einzuflößen wußten.
Ich habe übrigens gleich eine nette Bekanntschaft gemacht. Sie ist Säuglingsschwester und heißt Ruth; ein entzückendes, naturgebräuntes, schlichtes Wesen und von genau der Sorte Mädel, gegen die Sie mir so oft und mit zweifelhaftem Erfolg diese schrecklichen Baldriantropfen verschrieben haben.
Gegen einen kleinen Kurschatten ist aus medizinischer Sicht doch nichts einzuwenden, oder?

Schöne Grüße von Ihrem zuversichtlichen
gez. Unterschrift

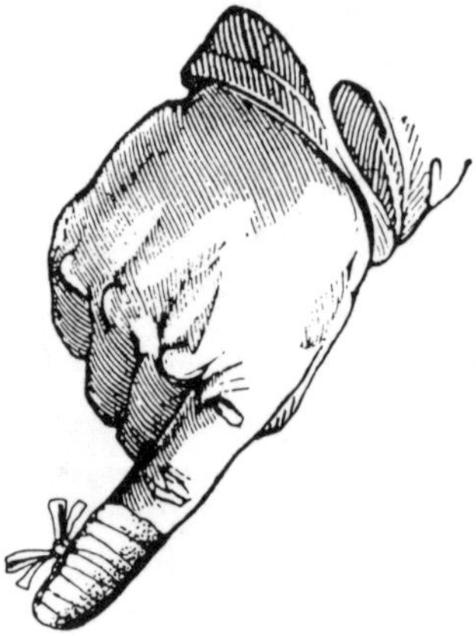

Zimmer 315, am 15.12.85

Herrn
Prof. Brinkmann
im Hause

Sehr geehrter Herr Professor,

ich möchte mich auf diesem Wege noch einmal ausdrücklich für den herzlichen Empfang und die freundlichen Worte bedanken, mit denen Sie mich gestern abend in Ihrem Hause begrüßt haben.

Zwar habe ich nicht ganz verstanden, was Ihr Hinweis auf die anständigen Menschen, die in den Jahren der Hitler-Barbarei in der Ufa die Fahne des besseren Deutschland hochgehalten haben sollen, mit meinem freiwilligen Entschluß zu tun haben, Sie und Ihre renommierte Klinik mit meinem Besuch zu beehren, aber das können wir ja bei Ihrer Visite klären, der ich mit Spannung entgegensehe.
Allerdings möchte ich Sie bitten, Ihr Personal anzuweisen, mir sofort meine Hosenträger, das Rasierzeug und meine Schreibutensilien (Papier, Tintenkuli, Bleistift, Radiergummi) wieder auszuhändigen. Außerdem habe ich feststellen müssen, daß die Tür meines Einzelzimmers (Nr. 315) von innen nicht zu öffnen ist, da die Klinke fehlt.

Mit freundlichen Grüßen
Ihr
gez. Unterschrift

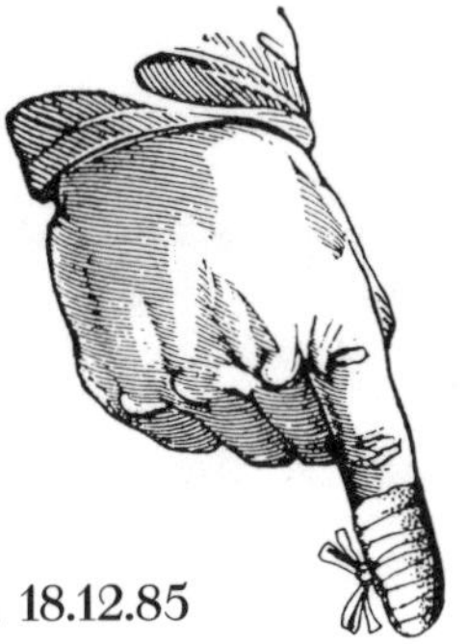

z. Zt. Schwarzwaldklinik, 18.12.85
Zimmer 315

Herrn
Herbert Lichtenfeld
c/o Zweites Deutsches Fernsehen
6500 Mainz-Lerchenberg

Sehr geehrter Herr Kollege,

wie Sie aus meiner Absenderangabe unschwer werden entnehmen können, befinde ich mich zur Zeit auf Kurlaub in der von Ihnen für das Zweite Deutsche Fernsehen drehbuchstäblich vermarkteten Schwarzwaldklinik.
Wie Sie sicher wissen, wird das aus guten Therapiegründen verordnete strikte Fernsehverbot im Hause nur einmal wöchentlich für jeweils 45 Minuten außer Kraft gesetzt, um den Patienten Gelegenheit zu geben, am Beispiel Ihrer Serie die Diskrepanz zwischen Kunst und Leben zu studieren.

Um auch Sie an dem spannenden Erlebnis teilhaben zu lassen, das eine Überprüfung der von Ihnen abgeschilderten »heilen Welt« mit der der rauhen Wirklichkeit darstellt, möchte ich Sie mit einigen aus dem prallen Leben gegriffenen Details bekannt machen, von denen sich ein Drehbuchschreiber der gehobenen Einschaltquoten-Klasse gemeinhin keine Vorstellung macht: Frau Dr. Brinkmann ist, wie mir Dr. Vollmers glaubhaft versicherte, guter Hoffnung; der gynäkologische Befund ist so unumstößlich wie die Tatsache, daß den Brinkmanns demnächst ein Stammhalter ins Haus steht: Hurra, ein Junge! Die Indiskretion stammt von einem, der es wissen muß: Er gilt als Christas Vertrauter, mit dem sie sich von Zeit zu Zeit heimlich zu Schäferstündchen im waldsterbensmäßig gelichteten Grün trifft. Der Professor selbst, in jeder Hinsicht ahnungslos, läßt unterdessen den lieben Gott bei unzweideutigen Intim-Treffs mit der Schauspielerin Ida Krottendorf einen guten Mann sein. Seit ich mich hier ein wenig umgesehen habe, bin ich versucht, die Ewings für die Dallas-Variante der Trapp-Familie zu halten und J. R. für den aussichtsreichsten Kandidaten auf das Amt des Erzbischofs von und zu Köln am Rhein.
Auch sonst geht hier alles wilder und ungezügelter zu, als es den Sehgewohnheiten »Ihres Programms« entsprechen würde: versuchter Mord aus Rachsucht, Freiheitsberaubung und unterlassene Hilfeleistung, Gnadentod ohne Verlangen, Abtreibung gegen den Willen der Beteiligten, Unzucht mit Abhängigen und was weiß ich. Vorgestern wurde beispielsweise eine gewisse Astrid Furunkel – wem das zu unappetitlich ist, mag sie ja Funkel nennen – auf dem Heimweg von zwei Männern überfallen und stante penis vergewaltigt! Anschließend übte sie, unterstützt von ihrem Bruder Paul, Selbstjustiz! Alles vom Allerfeinsten!
Ich würde mich freuen, wenn es Ihnen möglich wäre, einige meiner Recherchen in eine der nächsten Folgen einzubringen, schon wegen des Informationshonorars. Ich brauche das Geld nämlich dringend, weil ich mich zur Zeit auf einer Art Isolierstation befinde und sich der Heizungsmonteur nur gegen Bares überreden läßt, mal einen Brief zur Post zu bringen. Das hat er sich wohl aus der Tagesschau abgeguckt.
Ich hoffe, daß diese Zeilen trotzdem ihren Weg nach Mainz finden werden.

Mit kollegialen Grüßen
gez. Unterschrift

PS:
Sollten Sie zwischen zwei Folgen Ihrer Serie Zeit finden, mal im guten alten Orwell zu blättern – der Ahnungslose! Es ist viel schlimmer! Zwiedenken macht Spaß. Und Schluckimpfungen sind irre süß! Wußten Sie das?

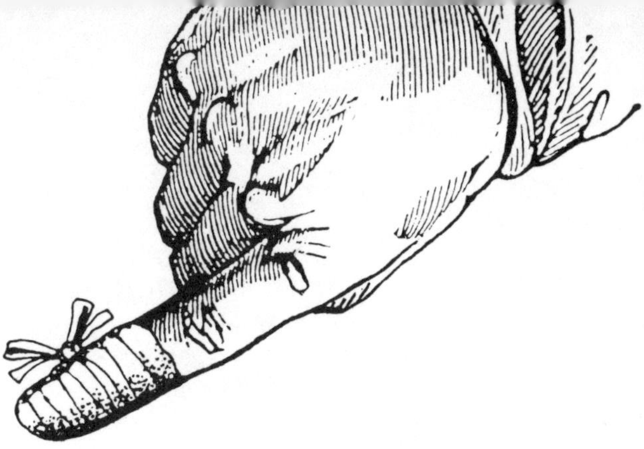

z. Zt. Schwarzwaldklinik, 21.12.85
Zimmer ???

An die
Haus Brinkmann AG
2800 Bremen

Sehr geehrte Damen und Herren,

ich möchte Ihr freundliches Augenmerk auf die Tatsache lenken, daß sich der Leiter der hiesigen Klinik, ungeachtet des international gültigen Trademark-Schutzes, Ihres guten Namens, der durch Ihre aufopferungsvolle Arbeit im Dienste der Volksgesundheit (Lord Extra, Chesterfield, Eve, Muratti Privat, Pall Mall, Peer Export) seit Urzeiten einen guten Klang hat und jedes Raucherherz höher schlagen läßt, in schamloser Weise bedient, ihn zu dunklen Zwecken mißbraucht und seine schmutzigen Geschäfte der Scharlatanerie betreibt, die geeignet sind, dem über Jahrzehnte hinaus bewährten Ruf Ihres Hauses Schaden zuzufügen.
Ich bitte um Verständnis dafür, daß ich mich zum gegenwärtigen Zeitpunkt bedeckt halten muß, stelle aber Kronzeugenschaft in einem etwaigen Verfahren in Aussicht.

gez. Anonymus

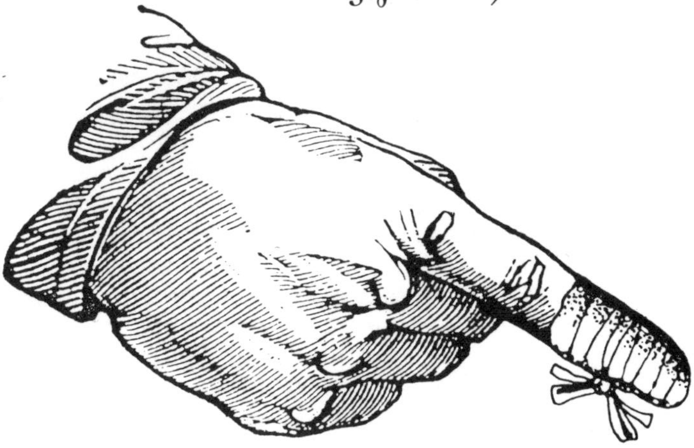

z. Zt. Schwarzwaldklinik, 25.12.85
Zimmer 315

An die
Ärztekammer
Georg-Voigt-Str. 15
6000 Frankfurt/Main 1

Sehr geehrte Herren,

ich darf mir erlauben, Sie davon in Kenntnis zu setzen, daß in der hiesigen Klinik eine Reihe von »Göttern in Weiß« ihr Unwesen treiben, die, ohne approbiert zu sein, sich der Heilbehandlung widmen und damit gegen die Bundesärzteverordnung vom 2.10.61 verstoßen. Außerdem ist der Straftatbestand der falschen Titelführung in mindestens zehn Fällen als erfüllt anzusehen.
Es handelt sich um die folgenden »Ärzte«: Prof. Klaus Brinkmann alias Klausjürgen Wussow, geb. 30.4.29, Cammin/Pommern, wohnhaft in Wien; Dr. Christa Brinkmann alias Gaby Dohm, München; Dr. Udo Brinkmann alias Sascha Hehn, Grünwald; Dr. Katarina Gessner alias Ilona Grübel, München; Dr. Schäfer alias Karl Walter Diess, München; Dr. Basler alias Rolf Schimpf, München; Dr. Schübel alias Volker Brandt, Hamburg; Dr. Rens alias Holger Petzold, München; Dr. Wolter alias Franz Rudnick, München; Dr. Römer alias Horst Naumann, München.
Der oben bezeichnete Wussow, genannt der »Professor«, ist mit der Schulmedizin auf ähnliche Weise vertraut wie Ewald Balser mit Sauerbruchs Durckdifferenzverfahren; in der Schwarzwaldklinik hält sich unter den leidgeprüften Patienten hartnäckig das Gerücht, W. halte etwa den Mutterkuchen für eine spezielle Art von Schwangerschaftsdiät bei akutem Diabetes-Verdacht. Ähnliches gilt für das gesamte Team.
Ein erster Verdacht kam auf, als »Dr.« Katarina Gessner sich von Freunden als »Ilona« ansprechen ließ und darüber hinaus durch akademikerfremdes Verhalten auffiel. Sie wurde, offenbar um einer Enttarnung vorzubeugen, inzwischen aus dem Verkehr gezogen und an eine andere Klinik versetzt. Der Verdacht wurde durch Einsichtnahme in die Personalkartei zur Gewiß-

heit; die oben genannten Daten sind nur »Eingeweihten« zugänglich und waren nur unter Gefährdung von Leben und Gesundheit zu erlangen. Einer Strafverfolgung wegen Einbruchs in die Räume der Personalabteilung — er erfolgte während der offiziellen Weihnachtsfeier — sehe ich, wie auch der des etw. Hausfriedensbruchs, mit Gelassenheit entgegen.
Da Eile geboten ist, bitte ich, sofort zu handeln. Telefonische Rückfragen sind zwecklos, da die Zentrale leugnen wird, daß sich ein Patient meines Namens in der Klinik befindet. Verlangen Sie, am besten in Begleitung der Staatsanwaltschaft, sofort zu Zimmer 315 vorgelassen zu werden!!
Eine Kopie dieses Schreibens geht an den Marburger Bund.

Mit freundlicher Begrüßung
gez. Unterschrift

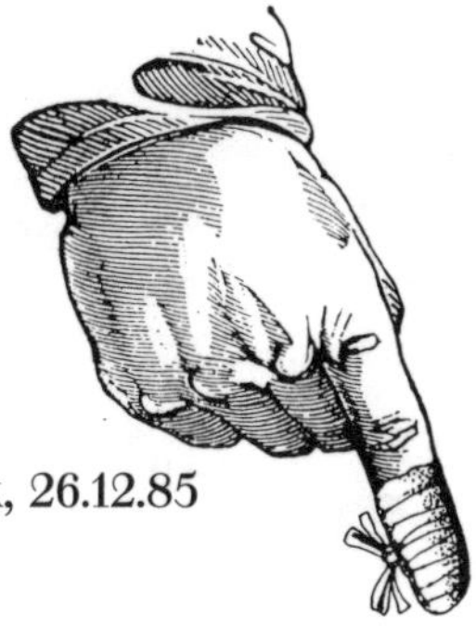

z. Zt. Schwarzwaldklink, 26.12.85
Zimmer 315

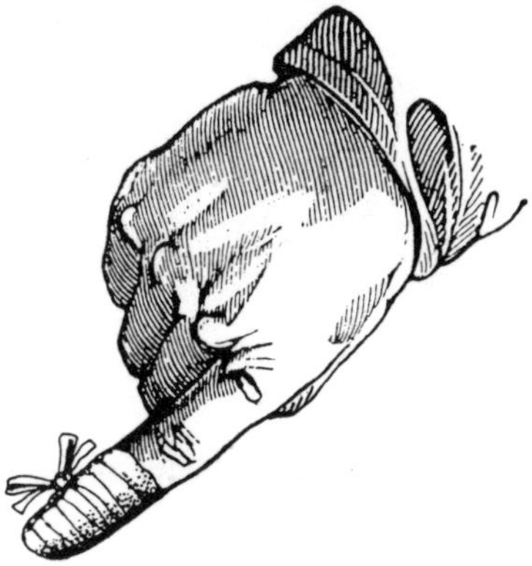

An das
Bundesministerium
für Jugend, Familie u. Gesundheit
Kennedyallee 105—107
5300 Bonn 2

Sehr geehrte Frau Minister,

beigefügt erhalten Sie einen unverdauten Speiserest, den ich aus gegebenem Anlaß bitte, auf Tranquilizer-Spuren untersuchen zu lassen.
Ich wende mich in dieser Angelegenheit an Sie, weil
1. die Adresse eines ernährungswissenschenschaftlichen Instituts mir hier z. Zt. nicht zugänglich ist und
2. etwas faul im Staate zu sein scheint.
Mit der Bitte um weitere Veranlassung und ggf. Einschreiten Ihrer Behörde bin ich hochachtungsvoll

gez. Unterschrift

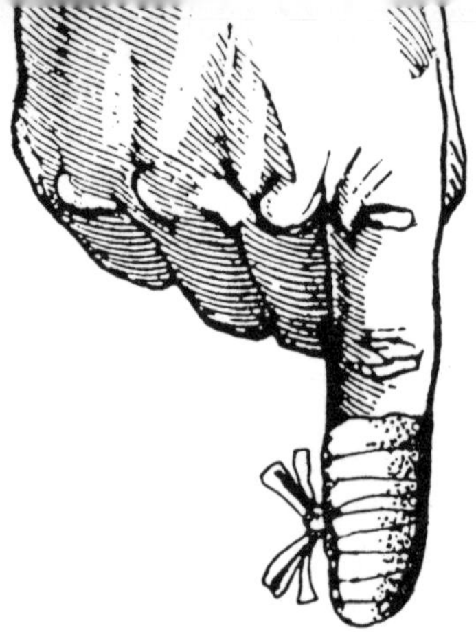

ohne Datum

Ruth!

Also auch Du, mein Sohn Brutus!
Hab die Briefe, die Du zur Post zu bringen versprochen hast, in dem Papierkorb hinter den Brutkästen entdeckt. Zerrissen!
Schlampe! Elende!

gez. Du weißt schon.

PS:
Vermutlich heißt Du gar nicht Ruth. Sondern Helga. Oder Brigitte?!!! Egal. Wir sind fertig miteinander.

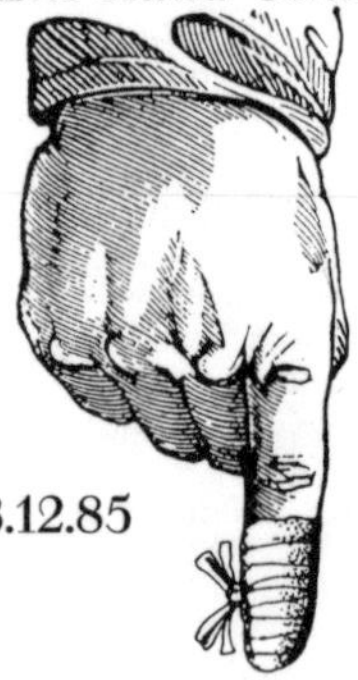

PER KASSIBER!

z. Zt. Schwarzwaldklinik, 28.12.85
Zimmer 315

Herrn
Dr. Thomas Lattke
Schöne Aussicht 28
6384 Schmitten/Ts.

Lieber Doc,

holen Sie mich hier raus!
Weiß nicht mehr, wo mir der Kopf steht. Fühle mich so rundherum pudelwohl, daß mir kotzübel davon ist!

Befürchte Schlimmes!
Bin behandlungsreif!!
Auf hoffentlich baldiges Wiedersehen
in Ihrer Praxis

Ihr
gez. Unterschrift

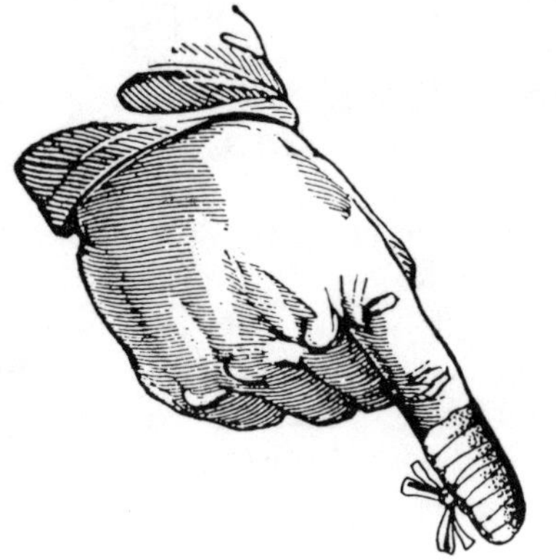

z. Zt. Schwarzwald, Neujahr 86
Zimmer 315

Prof. Brinkmann
hier

liba proffesser,

mir get es sär sär gut unt das leben is doch schööööööön ...
danke

gez. ×××

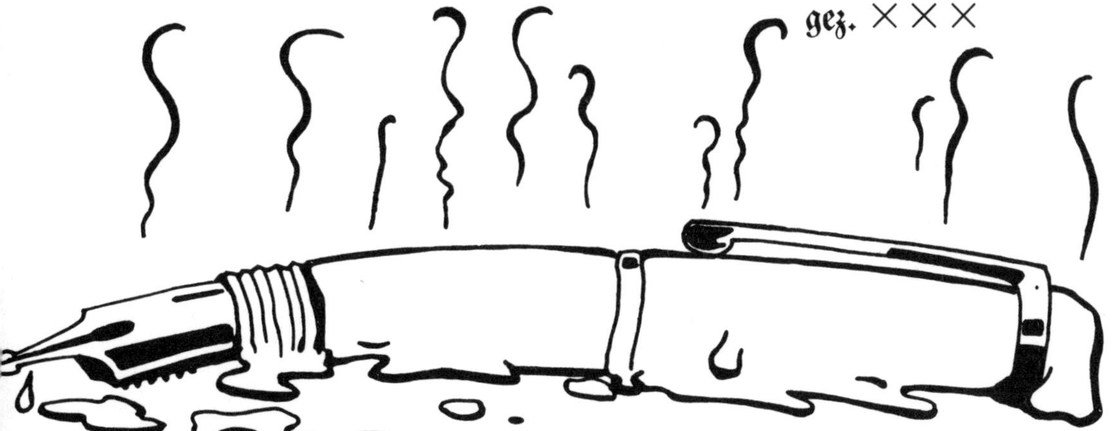

Meinen lieben Fiete,

komme ich endlich dazu und schreiben dir. Ich weiß scha nich, ob mein Natalje dir gesacht hat, daß wegen das gesunne Volksemfinnen bei mir keine Operatschon as solche nötich is. Aber weiß ich deshalp noch nich, wie ich zu Volksemfinnen kommen soll. Ischa wie bei die Gewerkschaff. Bezahls Beitrach für ne richtige Gewerkschaffspolletik, und was kriss du? Hermann Rappe.

Habe das Schlimmste, die Aufnahmeuntersuchunk, einigermaßen überstanden. Wen nach diese ärzliche Hilfe nich krank wird, den is nich gesund. Den diesbezüchlichen Arzlehrling sachte, ich hab ne Natur as ein Ferd. Habe ich gesacht, wen die nich hat, übersteht auch nich den Blutverluss bei diese Untersuchunk. Ers habe ich gedach, es is wegen Ehts, diese moderne Krankheit, die je aus die öffentlichen Häusers kommen tut. Es war abers nicht andem, weil die Schwarzwaldklinik mehr prifat is, also eher ne geschlossene Anstalt.

Wie du aus das Pantoffelkino weiß, is den Herrn Professer Brinkmann hier den ersten Mann an die Sprizze. Ich mußte ihn verklickern, wo meinen Hausarz das Fehlen von ein gesundes Volksemfinnen an gemerkt hatte. Eine höchs undeutsche Krankheit bei Leute in meine Jahre. Ich sachte, es passierte bei Kuddl Schnööfs unsortierte Ansichen anläßlich gemeinsames Angeln. Da sachte mein Ahz, Kalli Piepgras, ich leide an gesunnes Volksemfinnen, weil es mir fehlt.

Wenn das ne Krankheit sein sollte, muß ich woll bei einen Spezalissen. In mein Fall bei ein Ohrnitologen. Frach Herr Professer Brinkmann, wieso? Sach ich, weil, wenn ich den Kohl hören tu, ich immer denken muß, ich hör nich richtich. Und das kann nich an Blähungen, die je bei viel Kohl auftreten, also an meine Vedauung, an liegen, sonnern bloß an meine Ohren.

Da sachte den Professer ganz gnadderich, was seinen Kollegen noch aufgefallen sein täte. Ich hab gesach, ehm düsse Ansichen. Ich wiederhole ihr gern. Abers auf den Herr Professer seine Verantwohtunk. Gut!

Also, daß den Flick das Pallament bestochen hat, kann gar nich wahr sein. Den langt doch nich für Leute in seine Tasche, die er in dieselbe hat.

Helmut den Ersten, geborenen Schmidt, hat gesacht, ne moderne Regierunk is ein Dienstleistungsunternehm. Da hat ihm geahnt, daß in Berlin den Senat nich von eine Immobiljenfirma zu unterscheiden ist.

Wa um in die Ferne schweifen, wenn die Sekretärin liegt so nah, sachte Kohl und schickte dieselbe, das Geld von Brauchitsch holen.

Ich bin nich die Meinung, daß es ein Trauerspiel is, indem wir Deutsche

Von Jochen Steffen

bloß mang Rau und Kohl wählen können. Ich halte es vielmehr für einen ausgesprochenen Glücksfall, daß bloß einer von sie beide Kanzler werden kann.
Den Mayer-Vorfelder, Kultusminisser in Schwaben unter den Spätzünder, hat gesach, den Deutschen Fußball-Bund is ne Bananenrepublik. Wieso bloß Fußball?
Da hat den Herr Professer Brinkmann gesacht, daß es ihn nu dicke langen tut. Ich soll ihn bloß noch erklären, wa um sie mir grade und ausgerechent in die Schwarzwaldklinik geschick ham. Sach ich: Indem meinen Hausarz, Kalli Piepgras, meinte, düssen offenbaren Verluss an gesundes Volksemfinnen kann bloß Professer Brinkmann heilen. Denn, wen weiß, daß die Schauspielers in das III. Reich sauber un anstännich waren, den weiß auch, wie gesunnes Volksemfinnen in einen Kopp rein komp. Sacht mein Dokter Kalli.
Da sacht den Professer, das Zitat stammt nich von ihn, sonnern von den Schauspieler Wussow. Da sach ich, das mach gannix, denn meine Natalje meint immer: Vom Mimen zum Mediziner is bloß ein Schritt! Beide leben von das Theater, das sie aufführen. Denn lachte ich. Abers alleine.
Den Herr Professer wurde noch gnatteriger. Mich fehlt das nich an gesundes Volksemfinnen, sonnern an schlichten Verstand. Aus sonne Pappköppe, als ich das bin, da wern Revollutschonäre aus geschnizz. Ich gehör nich operiert, sonnern beobachtet. Direkt inne Püschiatrie. Sacht er.
Nu war ich an die Tuhr un werden gnatterich. Ich sach, das is nicht fähr. Bezüchlich püschiatrische Beobachtung, da is es in die Schwarzwaldklinik as wie in Hagenbecks Tierpark. Da weiß du auch nich, wen die Affen und wen die Beobachters sind.
Dir, mein liehm Fiete, und mein Frau Natalje liecht es ob, mir hier rauszuholen. Sons komm die noch auf den Trichter un stecken mir in Verfassungsschuz. Um selbige auch vor mir zu schüzzen. Un denn wird es ganz un gar verrück.

Es grüßt dir deinen armen, hilfsbedürftigen
Kuddl Schnööf (alias: Kurt Rotz)

»... weil die Klinik mehr prifat is, also eher ne geschlossene Anstalt ...«

Liebet Paulchen,

hast ja bestimmt schon aus de Zeitung erfahren, wat mir wieda wider..., na weest schon, wat mir passiert is. Obwohl die Jurnallje ma wieda allet verdreht hat. Kein Wort von wahr, von wejen, ick wär wieda besoffen jewesen auf de Bühne von dem Clubheim heimatloser Schwarzwaldmütter oder wie der Verein heeßt. Da wa bloß diese Tucke von Requisiteurin dran schuld, weeßte, die mir schon damals anläßlich meiner Schwarzwaldtournee vor drei Jahren immer vor de Gaderobe rumjeschwänzelt is und »Ach Haraldschen« jeseuselt hat mit ihre Fistelstimme. Diese intrigante Person hat mir nämlich vor de Vorstellung nen Curaçao Blau zwischen de Lippen jezwängt, ick sach dir, det war Absicht.
Na, und als ick dann in der Bankettscene dat Schampanjerglas ansetze, is et halt passiert, die Sache mit dem blauen Schaum vorm Mund. Ick gleich einen Schock und auf de Bahre wie nix, und schon war ick hier auf de Schwarzwaldklinik.
Dufter Schuppen übrijens, det muß der Neid der Cholera Jenüge tun, oder wie det hier in der Provinz der Volksmund so sacht. Mit dem ollen Brinkmann, watt der Professor is hier von die Station, hab ick gleich Freundschaft mit jeschlossen. Als er wat von Leberwerten jemurmelt hat oder so und so Falten auf de Stirn bekam, hab ick ihm gleich jesacht, daß mir die Fleischpreise schon immer ejal jewesen sind. Jeld spielt keine Rolle, hab ick jesacht, und da hat er mir gleich für nächsten Sonntag einjeladen, mit zu seinem Kumpel zu fahren, der wo nen Weinkeller sein eijen nennt und einen Sohnemann, der immerzu Kunstfehler am Bau, nee, an der Chirurjenwerkbank macht, den Patienten den abjerissenen großen Zeh an de Nese ranoperiert und solche Sachen, und wenn de Brinkmann dat wieder ausbüjelt, muß er zur Strafe zum Alten bechern kommen... und da darf ick mit, jewissermaßen zur Kunstfehlerkontrolle. Knorke, wat?
Aber watt ick mir gleich jesagt hab, Harald, so uneijennützig is der bestimmt nich, ein deutscher Professor, Oberarzt, Schwabe (oder jehört der Schwarzwald schon zu Baden? Muß ick jeschlafen haben damals in de Jeographiestunde!), jedenfalls, umsonst lädt der doch keenen daherjelofenen Baliner Schauspieler mit auf Sauftour zu seim Kumpel ein. Die Freizeit am Wochenende och noch mit nem Patienten verbringen, da kann doch wat nich wahr sein. Na, und da is er schon mit rausjerückt, daß seine gute Seele bei ihm zu Haus, die Käthie, die hätt doch jern ein Autogramm von mir, weil ick ihr heimlicher Schwarm wär, und sie hätt eben jrad anjerufen, sie hätt eijens für mir Baliner Klopse... na, ick sach Dir, ick war richtig jerührt.

Von Heipe Weiss

Na, und dann gleich nach Feierabend bin ick denn mitte Professor und seine anjetraute Christa zu dem Heim der Brinkmanns kutschiert, die Käthie becircen mit Handkuß und janz Mann von Welt, alte Schule, kennste ja, wie dat so is mit de älter werdende Damen. Na, und die Käthie, die hat mir dann ins Vertrauen jezogen, über den Professor, denn der war früher, und jetzt halt Dir fest, war der doch selber Schauspieler. Unter dem Pseudonüm Plussoff oder so hat der selber ma auf die Bretter jestanden, wo de Welt heute noch nicht die Bedeutung von kennt.

Dat erklärt natürlich einijes. Ick meen, dat in der Familje irjendwat nich stimmt, sieht man ja schon am Sohn. Steht der in de Küche und sacht zu mir: »Alkohol löst auch keine Probleme«, sacht der zu MIR, und im selben Aujenblick greift er in den Kühlschrank und zieht ne Flasche Schwarzwälder Kirsch raus. Seit dem Abend steht bei mir im Nachtisch neben meinem Krankenlager immer ne Buddel Kirsch, hat mir der Micha besorgt, flottet Bürschchen, der steht och immer Schmiere, dat die Oberschwester Hildegard uns nich erwischt, wenn de Udo Brinkmann ma wieda bei mir aufn Viertelstündchen zwischendurch Probleme löst.

Hat der nämlich offenbar janz viele mit seinem Schnickipicki Ehegespons, diese Frau Dr. Hab-ein-Kind-Gessner, der man de Anästhesistin jeradezu ansieht. Ehrlich, die wirkt schon auf Entfernung wie der reinste Äther. Da hat der junge Arzt einfach meen janzet Mitjefühl.

Aber wat schwing ick hier lange Reden. Paulchen, weshalb ick Dir schreibe, paß uff, foljendes:

Harald Juhnke: »Weest schon, wat mir passiert is . . .«

Der Mühlmann, det is der finanzielle Obermacker von dieser Klinik, wenn ick dat mal so salopp ausdrücken darf, der schleppt ja unheimlich an der Verantwortung für det Janze, sieht man gleich. Und der hat die Idee jehabt, wo ick Dir doch kenne, ob wir nich zusammen am letzten Abend vor meine Entlassung nen kleinen bunten Abend für die Patienten und dat Personal machen täten, Du am Klavier, und det Zettdeeff hätt er och schon einjeladen, weil Fernsehen und wir zwei Prominenz, dat gäb bestimmt gut Renommee für de Klinik, so publicitimäßig.
Na, und als er ZDF jesacht hat, bin ick gleich weichjeworden, und weeßte, die Landschaft, die se hier vor die Haustür jestellt ham, also jede Menge Jejend, wird Dir auch janz jut ma tun, und weeßte wat, nach dem Abschiedsabend könnten wir zwee beede hier im Hause Brinkmann meine Kur vielleicht noch wat verlängern, ick bin nämlich grade dabei, mir an diesen verdammten Schwarzwald so richtig zu jewöhnen. Na, wie wärt?

Es wartet auf Dir
Dein alter Kumpel
Harald Juhnke

PS:
Mühlmann hat auch versprochen, Dir persönlich ein Bier ans Klavier zu bringen. »Oder vielleicht auch noch ein zweites«, hat er hinzujefügt. Na, bis dann, Prost, alter Junge!

Svende Merian berichtet ihrem Märchenprinz, wie sie sich einmal ganz öffnete

Lieber Arne!

Am 15. März bin ich in die Schwarzwaldklinik gekommen, mit so Gefühlen im Bauch, die Du nicht verstehen kannst. Es hat weh getan, wie Udo, der Stationsarzt hier, mich unheimlich direkt auf meine Menses ansprach, weißt Du, das ist ein ganz persönliches Ding von mir, das geht keinen was an! Der Udo ist auch so 'n Typ, der alles gleich auf die frauliche »Sensibilität« bezieht, aber das ist es nicht, der Mensesschmerz ist irgendwie anders. Am nächsten Tag kam Udo bei der Visite zu mir und hat mich irgendwie total angemacht, weil er nun glaubte, es ist der Blinddarm und der müßte operiert werden, und ich ihm gesagt habe: »Mein Blinddarm gehört mir!« Ich glaube ja auch, daß der Blinddarm entzündet ist oder so, aber das ist doch nur ein äußerliches Symptom, das mir zeigt, daß da in meinem Bewußtsein etwas entzündet ist, da muß sich was ändern. In der nächsten Nacht hatte ich ein unheimlich starkes Gefühl, mit Udo schlafen zu wollen, da sind so Schmetterlinge im Bauch, wenn er am Bett steht, aber auch ein ganz starker Haß, weil ich fühle, daß für ihn eine Nacht mit mir nur eine Blinddarmtherapie ist. Udo ist genauso wie Du, was Sexualität betrifft, er steht da unter einem Leistungszwang, der mich wahnsinnig verunsichert. Als ich dann doch in den OP gekommen bin, weil ich eine schwere Bauchfellentzündung hatte von dem durchgebrochenen Blinddarm, da haben mich der (!!) Anästhesist und Udo und sein Vater, Prof. Brinkmann, angeguckt, als wollten sie mich vergewaltigen, dabei wollte ich nur ein bißchen Wärme, Zärtlichkeit, eine verläßliche Beziehung.
Als ich aus der Narkose aufwachte, hab ich versucht, ihm zu vermitteln, wie unheimlich lieb er mich operiert hat, und daß ich eine Zweierbeziehung mit ihm aufbauen will, aber er hat mich total abgeblockt, weil er meinte, so eine Blinddarmoperation wäre keine Basis. Keine Basis! Scheiße! Ich habe mich ihm voll geöffnet, sogar meinen Bauch, der für mich das Zentrum meiner Sexualität darstellt, was er nicht begreift in seiner Arzt-Mann-Rolle, die er einfach nicht auf eine Schiene kriegt. Scheißtyp! Vielleicht steckt ja auch so was wie ein Ödipus-Komplex gegenüber seinem Vater, dem Professor, dahinter, von dem er sich nicht lösen kann, auch seelisch-sexuell nicht. O.k.! Kann ich akzeptieren. Aber nicht, wie er sich mir gegenüber als Frau verhält. Da muß ich mit ihm noch mal ganz intensiv drüber reden.

Ciao und liebe Grüße!
Svende Merian

Von Hendrik Crasemann

Sehr geehrter Professor Brinkmann!

Es fällt mir zwar schwer, aber ich muß mir jetzt einmal alles von der Seele schreiben. Als Krankenschwester will man doch den Patienten helfen und nicht immer nur dem Arzt aus der Verlegenheit. Nicht nur, daß Ihr Sohn mich dauernd anpumpt, man muß ihn auch dauernd in Schutz nehmen!
Wissen Sie eigentlich, wie die Patienten über ihn reden? »Wer einen Arzt wie den hat, braucht keine Feinde mehr!« Und wenn ich dann gesagt habe, er solle nicht so reden, er wurde doch gar nicht von Dr. Brinkmann jun. behandelt, dann hieß es: »Ein Glück, denn dann könnte ich bald überhaupt nicht mehr reden!«
Und dann seine konservative Einstellung! Wie oft habe ich gesagt: »Herr Doktor, es gibt jetzt Einmalspritzen!« Und dann meinte Ihr Sohn: »Schwester, mit dieser Nadel hat schon mein Vater gespritzt, und der hat sie von seinem Professor verliehen bekommen, im Krieg, das ist eine Ehrennadel!«
Und dann diese Unterschiede, die er immer macht zwischen jungen hübschen Patientinnen und weniger attraktiven! Letztens hörte ich ihn zu einer älteren Dame sagen: »Jede Frau ist für mich ein Engel, der vom Himmel gefallen ist. Manche landen allerdings auf dem Gesicht. Nichts für ungut, Frau Herbst.«
Überhaupt halte ich das Feingefühl Ihres Sohnes für stark unterentwickelt. Erinnern Sie sich an Herrn Schlittmann, der letzte Woche von uns gegangen ist? Sie hatten Ihren Sohn gebeten, ihm schonend mitzuteilen, wie es um ihn stehe, und wissen Sie, was er gesagt hat? »Also, Herr Schlittmann, langer Rede kurzer Sinn: Sie brauchen sich um die anhaltende Arbeitslosigkeit, Waldsterben, Rüstungswahnsinn und das Verletzungspech von Rudi Völler keine Sorgen mehr zu machen.«
Und dann sein Jähzorn! Wie hat er mich angeschrieen, als ich gestern ins Zimmer von Fräulein Hermeskeil kam und er sie gerade abhorchte! Nur weil ich gesagt habe: »Herr Doktor, nehmen Sie doch das Stethoskop!« Das lasse ich mir nicht mehr gefallen, nicht von einem Arzt, der nicht mal weiß, wie rum und wo man ein Fieberthermometer reinsteckt!
Und eines, verehrter Herr Professor Brinkmann, sollten Sie als Vater und Chefarzt auch wissen: Ihr Sohn bezweifelt seine Qualifikation als Arzt selber, zumindest, wenn er betrunken ist, also fast täglich! Letztens lallte es lautstark aus seinem Zimmer: »Eigentlich wollte ich immer Schauspieler werden, aber dazu hat es nicht gereicht.«
Es scheint aber auch, und das mag Sie vielleicht wenigstens in einem Punkt beruhigen, sonst nicht zu reichen. Jedenfalls erzählte mir Schwester Elke

Von Jürgen von der Lippe

einmal, und vielleicht wird Ihnen das Ihre Frau bestätigen, das wäre, wie wenn man mit gekochten Nudeln Mikado spielt.
Wie auch immer, lieber Herr Professor Brinkmann, handeln Sie! Entreißen Sie Ihrem Sohn den Äskulapstab, bevor er noch mehr Unheil anrichtet. Und wenn er auch kein Schauspieler mehr werden kann in seinem Alter, vielleicht können Sie ihn beim Fernsehen unterbringen?

Hochachtungsvoll
Ihre ergebene Schwester Anonyma

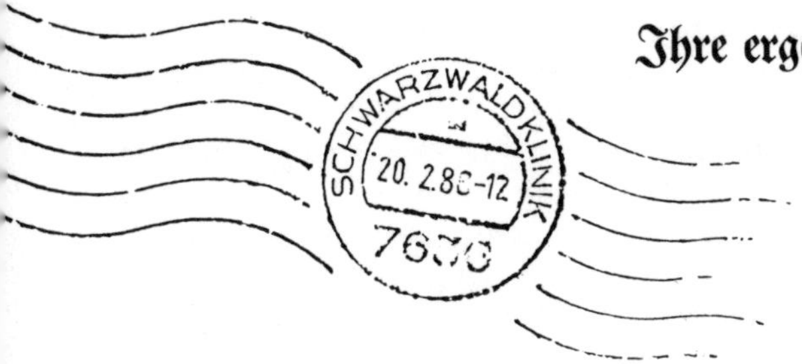

JOHANNES PAUL II. ERZÄHLT
VON EINEM ZUGLEICH SCHRECKLICHEN UND BEGLÜCKENDEN VORFALL

S. E.
Joseph Card. Ratzinger
Piazza del S. Uffizio 11
I – 001 20 Città del Vaticano

Hochwürdigster Mitbruder im Hirtenamt, lieber Joseph!

Ich hatte mich gerade niedergeworfen, um den heiligen Boden der Schwarzwaldklinik zu küssen, als über mir eine vorlaute und unreife Stimme erklang: »In welcher Krankenkasse sind Sie?«
Das war, Du wirst es gleich erraten haben, natürlich Lernschwester Elke. Aber du weißt auch, lieber Joseph, wie mich die Chaoten in Holland nicht haben provozieren können, die Kommunisten in Nicaragua nicht. So einen wie mich wird auch ein neudeutsches Fräulein nicht aus der Fassung bringen. Ohne die Stirn vom Boden zu heben antwortete ich mit leiser, aber fester Stimme: »Schwester, ich mache der Schwarzwaldklinik eine Pastoralvisite. Die Kosten für meine Pastoralvisiten übernehmen stets die Schwestern und Brüder, die ich besuche.«
Ein ungezogenes Gelächter über mir war die Antwort. Doch es erstarb jäh. Jemand war hinzugetreten. Sein Gesicht konnte ich aus meiner Lage nicht sehen. Nur seine Füße sah ich. Doch seine Füße waren mir Erlebnis genug.

Von Hans Conrad Zander

Diese Füße. Weißt Du noch, Joseph, wie wir am Swimmingpool in Castelgandolfo saßen, die italienische Sommernacht genossen und dabei Erinnerungen austauschten an unsere lauschigen Pastoralvisiten in aller Welt? Du erzähltest mir von einer Pastoralvisite in Japan. In feinen japanischen Hotels, sagtest du, hätten Dir die Pförtner nicht ins Gesicht geschaut, sondern nur auf die Füße. Dazu seien sie erzogen. Weil nämlich die Füße den Charakter eines Menschen ungleich treffender verraten als sein Gesicht. »An ihren Füßen«, sagtest Du, »werdet ihr sie erkennen.«
An seinen Füßen habe ich ihn erkannt. Dicht vor meiner Nase standen auf dem spiegelblank geputzten Boden der Schwarzwaldklinik ein Paar Füße, wie ich sie nie zuvor erblickt hatte. Füße wie zwei Rochers de bronze, gigantisch und hoheitsvoll zugleich. Doch auch ganz selbstlose Füße, opferbereite, nächstenliebende Füße, »honigtriefende Füße« hätte der heilige Bernhard von Clairvaux gesagt. Vor allen Dingen aber hochintelligente Füße, geniale, tiefsinnige Füße, nobelpreisverdächtige Füße. Mit einem Wort: Vor meiner päpstlichen Nase standen, unverwechselbar und unverrückbar, die Füße eines deutschen Medizinprofessors.
In diesem Augenblick packten mich zwei Hände unter den Achseln. Zwei Hände, wie sie mich nie zuvor gepackt haben, hochsensibel und stahlhart zugleich. Die Hände eines deutschen Medizinprofessors packten mich und hoben mich hoch. Unwiderstehlich. Dann standen wir uns gegenüber. Zum erstenmal sahen wir uns von Angesicht zu Angesicht.
Um uns, ahnungsvoll zum Halbkreis geschart, das volle Personal der Schwarzwaldklinik. Selbst Doktor Udo, der verwahrloste Tunichtgut, selbst Direktor Mühlmann, der hartgesottene Finanzier der Klinik, selbst Krankenpfleger Mischa, der gewissenlose Fahnenflüchtling, sie alle schienen gebannt von der Größe der historischen Stunde. Leise begannen die Fernsehkameras zu surren. Und während Schwester Hildegard, die strenge, aber gerechte Oberin, eine mütterliche Träne zerdrückte, gaben wir in einer schlichten, aber ergreifenden Geste einander die Hand: »Gestatten, Professor Klaus Brinkmann.« — »Gestatten, Papst Johannes Paul II.«
Es kennzeichnet die echten, ungestellten Momente historischer Größe, daß sie unendlich flüchtig sind. Ein kurzes Vorüberrauschen des göttlichen Mantels — mehr sind sie nicht. Noch ruhte seine Hand in der meinen, da war Professor Klaus Brinkmann schon wieder ganz Arzt. Scharf sah er mich an: »Ihre Ohren gefallen mir gar nicht.« Und dann zu Mischa mit der kurzen, sachlichen Geste echter Autorität: »Patient in die Badewanne. Gründlich abschrubben. Achtung Infektionsgefahr: Gummihandschuhe tragen. Dann sofort auf die Isolierstation.« Mit einem fast väterlichen Kopfschütteln sah er mir nach: »Ihre Ohren sind ja schon ganz gelb.«
Isolierstation! Vier trostlos nackte Wände, ein Bett aus kaltem Eisen, ein

klapperdünner Gummibaum. Als einzigen Besuch Oberschwester Hildegard, wortlos und streng. Mit Gummihandschuhen, in einer Art Mondmännchen-Desinfektionsanzug, kommt sie morgens herein, macht mir das Bett, bringt mir dann noch, dreimal am Tag, eine Schale Milchpudding.
Isolierstation! Als einzigen Kontakt zur Welt in der Wand zum Korridor ein Sichtfenster aus doppeltem Isolierglas. Als einzige Sprechmöglichkeit auf beiden Seiten des Sichtfensters je ein großer, merkwürdig klumpiger Telefonhörer, graugrün, als wär's ein Feldtelefon.
Und dann am dritten Tag die furchtbare Gewißheit. Mittags waren sie alle hereingekommen, standen rings um mein Bett, die ganze Chef-Visite. »Die SGOT-Werte«, sagte Doktor Rens tonlos, »liegen schon bei 4800.« Dann hob er die Augen leuchtend zu Professor Brinkmann: »Chef, Sie hatten recht, es ist eine A.«
Hepatitis A. Mit unendlichem Zartgefühl, aber zugleich mit großer wissenschaftlicher Prägnanz erklärte mir Professor Brinkmann mein schweres Leiden: »Es handelt sich um eine typische Schmutzinfektion, wie sie Touristen aus exotischen Ländern nach Hause bringen. Schwester Elke kommt gleich zu Ihnen mit dem Formular. Wir müssen leider dem Gesundheitsamt melden, in wieviel Ländern sie auf Pastoralvisite waren. Und vor allem: wo Sie überall den Boden geküßt haben.«
Hepatitis A, so fuhr der Professor fort, sei ein Leiden, für das es überhaupt kein Medikament gebe. Nichts könne mir helfen als absolute Ruhe, absolute Stille. An Fernsehauftritte nicht mehr zu denken. Strengstes Reiseverbot. Mit einem Wort: Isolierstation. Für viele, lange Wochen. »Vielleicht«, schloß Professor Brinkmann so schonungsvoll als möglich, »vielleicht für immer Isolierstation.« Dann fiel hinter der Chef-Visite die doppelte Isoliertür ins Schloß.
O Einsamkeit der Isolierstation! O Grabesstille!

Die echten, ungestellten Momente historischer Größe

Plötzlich fuhr ich aus meinen zerwühlten, verweinten Kissen steil hoch. Hinter meinem Besucherfenster hatte sich etwas bewegt. Nicht unmittelbar davor, sondern ziemlich weit hinten auf dem Korridor. Eine scheue Gestalt drückte sich an den Gummibäumen entlang, kam auf Zehenspitzen auf meine Isolierstation zugeschlichen.
Dr. Udo Brinkmann! Des Chefarztes mißratener Sohn. Der große Windbeutel und Schürzenjäger der Schwarzwaldklinik. Der Fernseh-Casanova der Nation. Hilflos, mit beiden Händen, griff er nach dem Feldtelefon vor meinem Besucherfenster und sank in die Knie.
Auf der Stelle vergaß ich mein eigenes, furchtbares Leid. Der Instinkt des Fischers war in mir erwacht. Der »pastorale Eros«, wie Kardinal Daniélou einmal so schön gesagt hat. Mit der ganzen Leidenschaft des Seelsorgers griff ich nach dem Feldtelefon: »Du möchtest mir etwas sagen, mein Sohn. Komm, sprich dich aus!«
Stockend brach es aus dem jungen Arzt heraus. Auch er sei einmal zu etwas ganz anderem berufen gewesen, ja, auch er. Meßdiener sei er gewesen, wie jeder echte Schwarzwälder Bub. Im reinen Licht der Berge habe er gelobt, Priester zu werden. Priester, Missionar und Märtyrer bei den Pallotinern in Afrika.
Doch dann sei die Versuchung an ihn herangetreten. Ganz harmlos zuerst. Nur einen Kuß habe sie von ihm gewollt. Was sei schon Schlimmes an einem Kuß, habe er gedacht. »Gerade ein Priester im Beichtstuhl muß doch wenigstens ein Mindestmaß an eigener Erfahrung haben, oder finden Sie nicht?«
Doch dann sei es mehr geworden als ein Kuß. Und dann mehr als eine. Mädchen aufreißen, Mädchen anmachen, an etwas anderes habe er nicht mehr denken können. Und nur in ganz seltenen Augenblicken, wenn er von fern das reine Licht der Berge erblickt habe, habe er zutiefst in seinem Gewissen gespürt, was wirklich mit ihm los sei: »Ich bin ein Verräter.«
Dann sagte Doktor Udo Brinkmann wörtlich etwas, was mir den Atem raubte: »Aber bin ich denn wirklich ein Verräter? Bin ich nicht viel weniger? Denn was ist wahre Männlichkeit? Doch sicher nicht, wenn einer jeder Zukkung des Unterleibs hemmungslos nachgibt.« Männlichkeit zeige sich vielmehr in der bewußten Beherrschung des blinden Triebs. Wahre Männlichkeit, das habe er als Meßdiener klar erkannt, »gipfelt im Zölibat. Deshalb bin ich nicht einmal ein Verräter. Nichts bin ich als ein windiger Versager. Während ganz Deutschland mich als Weiberhelden bewundert, bin ich in Wirklichkeit, vor meinem eigenen Gewissen, nichts als ein ganz, ganz armes Würstchen.«
Und wie er das Wort »Würstchen« in den Mund nahm, fing Doktor Udo Brinkmann zu schluchzen an. Haltlos wie ein kleiner dummer Junge.

Aus langer pastoraler Erfahrung ließ ich ihn ausschluchzen. Dann sagte ich ihm ein väterliches, aber unmißverständliches Wort. Daß er viel zu weit abgeglitten sei auf der schlüpfrigen Bahn des Lasters, um noch zurückzukehren zum reinen Licht der Berge. Nein, für den Zölibat sei es bei ihm zu spät. Aber zu verzweifeln brauche er deshalb nicht: »Das Richtige für dich, Udo, ist der Ehestand. Ja, der Ehestand. Gerade das brauchen wir heute nötiger als je: den vielköpfigen katholischen Familienvater und engagierten Laien-Apostel.« Und ich schlug über ihm das Kreuz: »Absolvo te . . «

Ich tat es recht eilig. Denn schon sah ich eine zweite Figur die Gummibäume herunterschleichen.

Es war der Krankenpfleger Mischa. Der angebliche Musikstudent. Der Wehrdienstverweigerer jedenfalls. Wie nach einem rettenden Strohhalm griff der Fahnenflüchtling nach meinem Feldtelefon. »Du wolltest mir etwas sagen, mein Sohn. Komm, sprich dich aus!«

Auf der Stelle war es ein rückhaltloses Geständnis: »Ja, ich war es, der den Fernsehapparat gestohlen hat. Der ihn für 450 Mark verkauft und dann vor der ganzen Nation die verfolgte Unschuld gespielt hat. Ich, Mischa, bin der Dieb.«

An ihm allein, so fuhr er leise fort, liege es freilich nicht, daß in seinem Leben alles falsch gelaufen sei. Aufgewachsen sei er in Frankfurt, in der moralischen Bindungslosigkeit eines progressiven Akademikerhaushalts, antiautoritär erzogen, doch was heißt erzogen, vor allen Dingen von der Mutter unsäglich verzärtelt und verwöhnt.

Auf der Gesamtschule dann habe er wohl Freunde gefunden, aber nicht die rechten. Mit 14 habe er zum erstenmal Haschisch geraucht, mit 15 sei er bei Bhagwan herumgelungert, mit 16 habe er für Amnesty International die erste Bombe transportiert, mit 17 gar sei er auf dem Evangelischen Kirchentag herumgestrichen.

Das Abitur habe er nicht geschafft, aber dafür, täglich mehr, das ideologische Großmaul gespielt. Bei alledem sei im Grunde seiner Seele nichts anderes gewesen als Angst. Angst vor jeder echten Leistungsanforderung. Angst vor den harten Anforderungen echter männlicher Kameradschaft.

Drum habe er vor dem Wehrdienst gekniffen. Aber nicht einmal ehrlich gekniffen, sich seine Feigheit eingestehend. Als sogenannter Kriegsdienstverweigerer habe er sich vielmehr eine raffinierte Lebenslüge aufgebaut, ein Mixtum compositum aus pubertärer Besserwisserei und linker Spinnerei. Dann habe ihn auch noch das Fernsehen zum Gewissenshelden aufgebaut. Doch wenn er selber am Samstagabend seine verlogenen Auftritte verfolgt habe, heimlich vor der gestohlenen Glotze, dann habe ihn ein unnennbares Elend überwältigt. »Dann habe ich gespürt, daß ich im Grunde nichts anderes bin als ein ganz, ganz armes Würstchen.«

Und wie er das Wort »Würstchen« in den Mund nahm, da fing der große Gewissensstar der Schwarzwaldklinik an zu schluchzen, haltlos wie ein dummer, kleiner Junge.
»Absolvo te ...« Väterlich schlug ich über ihm das Kreuz. Aber ausschluchzen ließ ich ihn nicht: »Wir müssen Schluß machen, Mischa, hinter dir wartet ein pastoraler Notfall.«
Ein bebender Frauenkörper war es, der als nächster vor meinem Pastoraltelefon in die Knie sank. Die Wangen verlebt, die Augen erloschen. Der Hals verwelkt, die Haare aufgelöst. Die Finger verkrampft, die Stirn von Falten zerquält.
Doktor Katharina Gessner. Doch es war nicht mehr die berühmte Narkoseärztin der Schwarzwaldklinik, nicht mehr die stolze Fernseh-Emanze des ZDF. Was da vor meinem Besucherfenster kniete, war nur noch ein hilfloses Bündel Angst. Und dann ein Satz, ein einziger kurzer Satz: »Heiliger Vater, ich kann nicht mehr.«
So unsäglich müde sei sie, fuhr sie fort, daß sie es wohl gar nicht mehr alles zusammenbringe. Wie sie von Abenteuer zu Abenteuer getaumelt sei, von Ehebruch zu Ehebruch, von Scheidung zu Scheidung, das scheine ihr auch nicht einmal das Wichtigste zu sein.
Zuerst, als kesse Medizinstudentin in Heidelberg, habe sie es noch gar nicht gemerkt. Später dann, als junge Narkoseärztin in einer Großstadtklinik, habe sie es nicht wahrhaben wollen. Erst jetzt, seit sie zum Ärzteteam der Schwarzwaldklinik gehöre, habe es ihr langsam gedämmert. Wie hätte es ihr auch nicht klarwerden sollen an der Seite von Professor Klaus Brinkmann: daß sie als Frau durch die Anforderungen des modernen Berufslebens hilflos überfordert sei.

Ein kurzes Vorüberrauschen des göttlichen Mantels

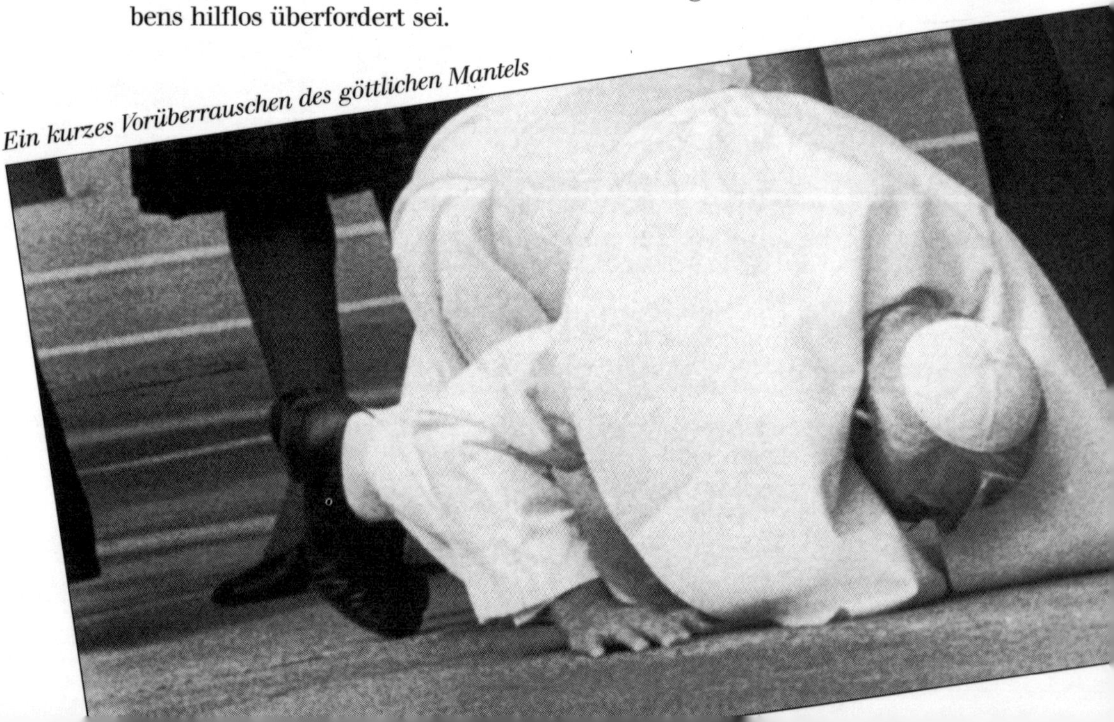

Und dann, fuhr sie beschämt fort, dann sei da noch etwas anderes. Abends, wenn sie in ihrem Sportwagen, scheinbar so flott, in Wirklichkeit so geschafft, heimfahre in ihre leere Junggesellenbude, dann fahre sie an so manchem handgeschnitzten Schwarzwälder Bauernhaus vorbei.
Dann sehe sie, auf dem »Bänkli vor em Hüsli«, im Frieden des Feierabends, so manche Schwarzwälder Bäuerin sitzen. Oft drei Generationen von Bäuerinnen zusammen, Mutter, Tochter und Großmutter. Alle, auch die jüngste noch, in der alten, handgewobenen schwarzroten Tracht. Mit weißen Rüschenblusen, weißen Wollstrümpfen, schwarzen Lackschuhen und dem berühmten Schwarzwälder Trachtenhut mit den dicken roten Bommeln. Über den Köpfen der Frauen, rotlachend auf allen Fensterbänken, die herrlichen Geranientöpfe, vor ihnen, im munteren Reigen, die lebensfrohe Schar gesunder Kinder.
Wenn sie vor diesem ergreifenden Spektakel vorbeifahre, dann fahre ihr, Abend für Abend, eine unnennbare Eifersucht ins Herz. Grausam spüre sie dann, daß sie ihre eigentliche Berufung verfehlt habe, die Berufung zur liebenden Gattin, Hausfrau und Mutter. Rettungslos verpfuscht erscheine ihr dann ihr Leben. Und während sie im Fernsehen so perfekt die abgebrühte Emanze spiele, sei sie in Wirklichkeit gar nichts anderes als ein ganz, ganz armes Würstchen.
Und wie sie das Wort »Würstchen« in den Mund nahm, da fing die, wie gesagt, scheinbar so abgebrühte Emanze an zu schluchzen. Haltlos wie ein kleines dummes Mädchen.
»Ego te absolvo...« Wie gern hätte ich sie ausschluchzen lassen. Doch inzwischen war der ganze Korridor hinter ihr gerammelt voll mit Menschen in Weiß. Viele knieten, andere reckten verzweifelt die Hände zum Himmel, Gummibäume wurden sogar umgestoßen. Das gesamte Personal der Schwarzwaldklinik war angetreten zur Generalbeichte. Eine Prozession der Lebenslügen. Ein Lindwurm aus lauter ganz, ganz armen Würstchen.
Verwaltungsdirektor Mühlmann war das letzte und ärmste Würstchen, über das ich mein Kreuz schlug. Erschöpft sank ich in meine Kissen zurück. Erschöpft und glücklich. So war es denn doch eine Pastoralvisite geworden! Aber auch erschöpft und beklommen.
Sag mal, Joseph, ist Beichten per Telefon überhaupt erlaubt? Diese Frage ist das eigentliche Anliegen meines Briefes. Deshalb schreibe ich gerade Dir, dem Chef der Glaubenskongregation. Sag, sind die Absolutionen, die ich in der Schwarzwaldklinik erteilt habe, nicht allesamt ungültig?
Gut, es gibt einen positiven Präzedenzfall. Du selbst hast jüngst besorgte Journalisten mit dem befreienden Hinweis beruhigt, daß der päpstliche Segen seine volle Gnadenwirkung auch dann entfaltet, wenn er per Fernsehen gespendet wird.

Aber ein Segen ist nur ein Segen. Die Beichte aber ist ein Sakrament. Wie die Taufe. Du kennst den theologischen Streit: Da doch der Fötus vom Augenblick der Empfängnis an ein voller Mensch ist, warum wird dann das befruchtete Ei nicht sofort nach dem Geschlechtsakt getauft?
Die Antwort der Kirche auf diese bohrende Frage war stets, daß ein Sakrament nur dann gültig ist, wenn der, der es spendet, und der, der es empfängt, unmittelbaren Sinneskontakt zueinander haben. Wenn sie einander ohne technische Hilfsmittel sehen, hören und berühren können. Deshalb galten bisher Taufen im Mutterleib als ungültig, genauso wie Beichten per Telefon.
Und doch. Wie sind gerade in Deutschland die Beichtstühle verödet. Fast gibt es das Sakrament nicht mehr. Müssen wir da nicht, bevor wir den Gläubigen Vorhaltungen machen, uns selbst als Seelsorger fragen, ob wir nicht etwas versäumt haben? Wo bleibt das Aggiornamento des Beichtstuhls im Sinne des 2. Vatikanischen Konzils?
Denk an den gehetzten Manager zwischen zwei Flugzeugen, an die doppelbelastete Hausfrau zwischen zwei Bio-Dampftöpfen, an den rasenden Chirurgen zwischen zwei lebensgefährlichen Operationen. Das sind doch alles ganz, ganz arme Würstchen. Sie möchten beichten. Aber schnell und modern. Welch ungeheure Renaissance wird das Sakrament der Beichte erleben, wenn wir die Beichte per Telefon feierlich gestatten!
Schon hatte ich meine Rückenlehne hochgeschraubt, schon hatte ich mit fliegender Hand die ersten Sätze für die neue Enzyklika »Telephonandi mysterium« aufs Papier geworfen, da stockte mein Puls jäh. Wieder hatte sich vor meinem Besucherfenster etwas bewegt. Aber diesmal war es kein armes Würstchen, das nägelkauend an den Gummibäumen entlangschlich. Mit jener leichten, selbstverständlichen Souveränität, mit jener vollkommenen Demut, zu der nur der ganz Große fähig ist, griff er nach meinem Beichttelefon und kniete nieder: Professor Doktor Klaus Brinkmann selbst.
Erinnerst Du Dich noch, lieber Joseph, an den Zwischenfall auf meiner jüngsten Pastoralvisite in Marokko? An jene peinliche Fotomontage der Marokkaner, auf der König Hassan II. und ich voreinander zu knien schienen? Die ganze Weltpresse war über diese Herabsetzung des Papstes empört. Was damals allen zu Recht als Blasphemie erschien, erschien mir jetzt als würdevoll und angemessen. Schwupp!, war ich aus den Federn, schürzte das Nachthemd und sank, den Telefonhörer in der Hand, auf meiner Seite des Besucherfensters in die Knie.
Wie lange wir so voreinander gekniet haben, in wortloser Ergriffenheit? Ich weiß es nicht mehr. Ich weiß nur, daß mit einemmal, leise, aber fest, seine Stimme durchs Feldtelefon erklang: »Du hast mir etwas zu sagen, mein Sohn. Komm, sprich dich aus!«

Nicht daß es jäh aus mir hervorgebrochen wäre, einem Sturzbach gleich. Das nicht. Während ich noch schwieg, hilflos zögernd, wie ich mein Geständnis einleiten solle, schweifte meine Erinnerung zurück, zu einem ganz anderen Gespräch. Weißt Du noch, Joseph, wie wir uns in der Skihütte auf dem Adamello-Gletscher, zwischen zwei tollkühnen Abfahrten, bei einem Glas heißen Grog zwanglos unterhalten haben?
Du erzähltest mir von den vielen polnischen Priestern, die unter dem Vorwand, sie seien deutschstämmig, aus Oberschlesien in die Bundesrepublik übergesiedelt sind. Wie sie alle ihre neuen Gemeinden in Deutschland auf merkwürdig widersprüchliche Weise verblüfft hätten: einerseits nämlich durch die unzweifelhafte Glut ihres polnischen Glaubenseifers, andererseits aber durch die genauso starke, ja hemmungslose Gier nach westlichem Konsum: Vierzimmerwohnung, Hi-Fi-Anlage, Auto, Videorecorder, Kamera. Und das alles sofort, in den ersten Tagen, gleich auf Pump.
Als Du mir das erzähltest, lieber Joseph, konnte ich nicht sehen, ob Du mich anschautest durch Deine Sonnenbrille oder nicht. Und doch spürte ich bis ins innerste Mark, daß Du mich durchschaut hast. Denn was ist der Unterschied zwischen einem oberschlesischen Kaplan und dem Erzbischof von Krakau? Doch nur, daß die Versuchung für den Oberhirten eine Nummer größer ist. Das größte Nachholbedürfnis für einen, der aus der kommunistischen Zwangswirtschaft in den Westen kommt, ist die Versuchung, nun endlich mal nach Belieben in der ganzen Welt herumzureisen.
Zuerst, so gestand ich Professor Brinkmann, sei die Versuchung ganz harmlos an mich herangetreten. Nur einen kleinen Sonntagsausflug im Papamobile wollte ich machen, um auf der Besucherterrasse im Flughafen Fiumicino, wie einst Johannes XXIII., ein Eis mit Sahne zu schlecken. Was ist schon Schlimmes, dachte ich mir, an einem Eis mit Sahne?
Doch dann, fuhr ich fort, habe auf der Rollbahn dieser märchenhafte Silbervogel von Alitalia gestanden. So eine winzigkleine Pastoralvisite, log ich mir vor, könne doch gewiß nicht schaden. Gerade der Papst, dem die ganze Welt anvertraut ist, müsse doch von dieser Welt etwas gesehen haben, oder nicht? Doch dann sei es mehr geworden als nur eine. Und dann war kein Halten mehr: Spanien, Puerto Rico, Santo Domingo, Ecuador, Peru, Venezuela, Trinidad-Tobago, Kanada, die Schweiz, Alaska, Thailand, Papua-Neuguinea, Südkorea, Österreich, Frankreich, Polen, Haiti, Belize, Honduras, El Salvador, Nicaragua, Costa Rica, Panama, Argentinien, Großbritannien, Portugal, Äquatorial-Guinea, Gabun, Benin, Nigeria, Japan, die Philippinen, Pakistan, Deutschland, Brasilien, die Elfenbeinküste, Obervolta, Ghana, Kenia, der Kongo, Zaire, die Türkei, Irland, die USA, Mexiko, der Senegal, Marokko, Liechtenstein, Indien und jetzt zum Schluß die Schwarzwaldklinik – alle, alle hätte ich haben wollen, alle, alle habe ich geküßt.

Es steht geschrieben im 4. Kapitel bei Matthäus, wie der Satan Jesus auf einen hohen Berg führte, um ihm »alle Reiche der Welt und ihre Herrlichkeit« zu zeigen. Als wär's ein Reiseprospekt. Jesu hat der Versuchung widerstanden: »Weiche von mir, Satan!« Ich, Jesu Stellvertreter, bin der Versuchung erlegen. Doch während die Welt mich feierte, als Jet-set-Heiligen und Super-Papst, sei mir, so schloß ich mein Geständnis, im Grunde der Seele immer erbärmlicher zumute gewesen. Vor meinem eigenen Gewissen sei ich zum Schluß nichts anderes mehr gewesen als ein ganz, ganz armes Würstchen.

Und wie ich das Wort »Würstchen« in den Mund nahm, da fing ich großer alter Mann an zu schluchzen, haltlos wie ein dummer kleiner Junge.

Vielleicht ist der Arzt ein viel erfahrenerer Beichtvater als der Priester. Denn Professor Brinkmann ließ mich ganz einfach ausschluchzen. Erst als die letzte Träne versiegt war, sagte er leise: »Es ist nicht alles. Du wolltest mir noch etwas anderes sagen, mein Sohn. Komm, sprich dich aus.«

Vielleicht, so fuhr ich zögernd fort, sei es nicht meine Schuld allein, daß in meinem Pontifikat alles falsch gelaufen sei. Die Massenmedien hätten mich verblendet und größenwahnsinnig gemacht. Mit ihrer maßlosen Papolatrie.

Deshalb wohl habe mich die göttliche Vorsehung zum Schluß in die Schwarzwaldklinik geführt. Hier in der besinnlichen Stille der Isolierstation sei es mir wie Schuppen von den Augen gefallen. Groß sei ich wohl, jedoch der Größte nicht. Noch größer als der Papst sei der deutsche Medizinprofessor. Größer als Johannes Paul II. ist Professor Klaus Brinkmann.

Ich wollte noch etwas hinzufügen, doch meine innere Erschütterung war in diesem Augenblick so stark, daß mir die Worte in der Kehle steckenblieben. Dir aber, lieber Joseph, kann ich es schreiben.

In Deinem neuen Buch forderst Du, daß endlich Schluß sein müsse mit den verheerenden Reformen in der katholischen Kirche. Was jetzt not tue, sei eine Epoche der »Restauration«. Wie lehrreich, lieber Joseph, scheint es mir da, eine Institution kennenzulernen, die keiner Restauration bedarf, weil sie nie eine Reform erlebt hat: das deutsche Krankenhaus.

Eine sakrosankte, offenbar von Gott selbst gestiftete Hierarchie: die Ärzte. Ein zutiefst demütiger, grenzenlos zahlungsbereiter Laienstand: die Patienten. Über allem eine absolute, ex cathedra operierende Autoriät: der Herr Professor. Was unsere Kirche eines Tages vielleicht wieder sein wird, wenn uns das Werk der Restauration gelingt, das, lieber Joseph, ist die Schwarzwaldklinik schon jetzt.

So sehr war ich durch diesen Gedanken gefesselt, daß ich es erst gar nicht bemerkte. Das merkwürdige Drucksen und Würgen im Telefon. Plötzlich schreckte ich auf. Fassungslos starrte ich durchs Isolierfenster. Wie? Auch er? Ich konnte es nicht glauben.

Nein, sagte Professor Brinkmann mit einem mühseligen Lächeln, nein, als ganz, ganz armes Würstchen habe er sich nie gefühlt. Stunden der Anfechtung freilich kenne auch er. Nicht nur die Kleinmut und Erbärmlichkeit habe ihren Preis, nein, auch die Größe. Der Preis der wahren Größe aber sei eine manchmal fast unerträgliche Einsamkeit. Und wie er das Wort »Einsamkeit« in den Mund nahm, da sah mich dieser sonst so harte Mann mit einemmal mit ganz weichen Augen an.
Er komme jetzt zur Sache. Die Welt, die doch alles über die Schwarzwaldklinik wissen wolle, scheine eines bislang völlig übersehen zu haben: daß dies die einzige Klinik in Deutschland ist, die keinen Krankenhaus-Seelsorger hat. In seinem unbegreiflichen Geiz habe Verwaltungsdirektor Mühlmann diese zweifellos teure, aber dennoch unersetzliche Planstelle einsparen wollen. »Kostendämpfung« nenne man neuerdings solches Sparen am gänzlich falschen Ort.
Jetzt aber sehe er eine Lösung. Habe er doch gewisse Beziehungen zu einer deutschen Industriellenfamilie, die mit Spenden für gute Zwecke nicht zu geizen pflege. Und kurz und gut, er habe die Zusage in der Tasche. Wenn ich meinerseits bereit sei, die Stelle als Krankenhaus-Seelsorger in der Schwarzwaldklinik anzutreten, dann bekomme die Klinik eine echte Schwarzwälder Wallfahrtskirche gespendet, handgeschnitzt, voll verkabelt und durch einen eigenen Satelliten über dem Titisee unmittelbar verbunden mit allen Fernsehsendern der Welt.

»... nichts anderes als ein ganz, ganz armes Würstchen«

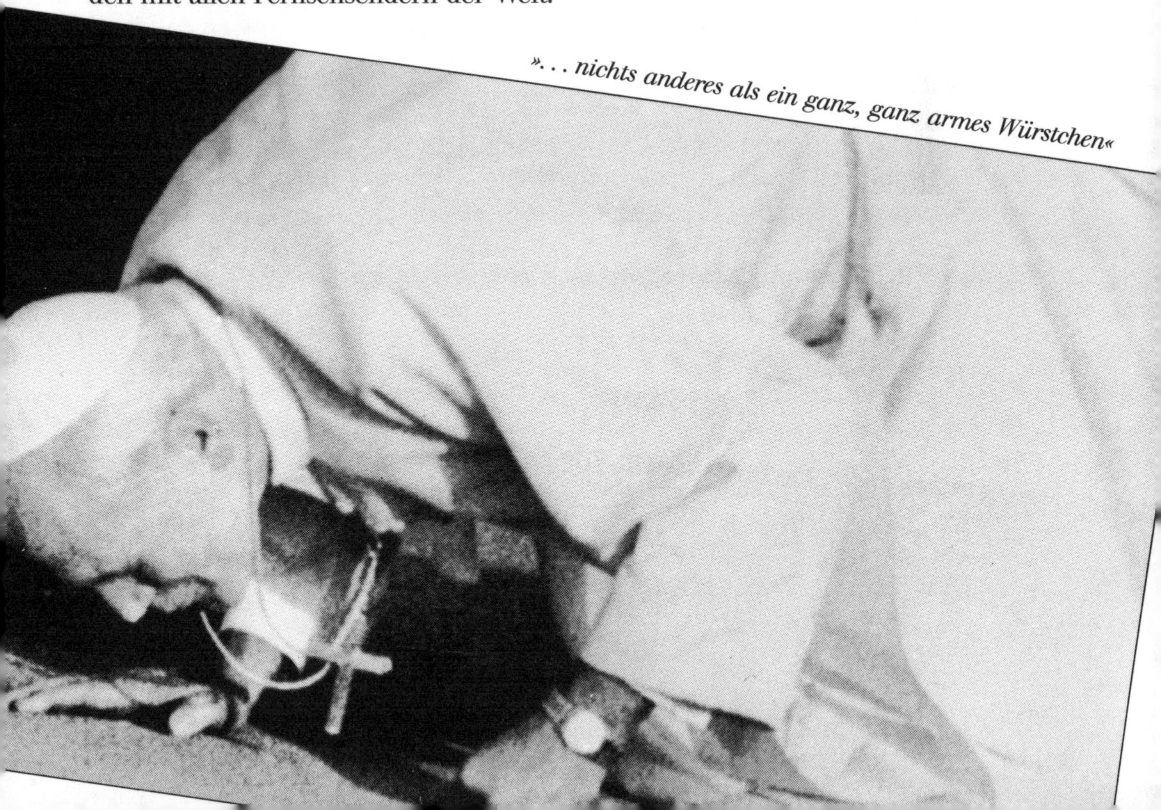

»Unsere Liebe Frau von der Schwarzwaldklinik« – ich schloß die Augen, überwältigt von der Größe der Vision. Und siehe, ich sah, mitten in Deutschlands herrlichster Landschaft, ein gigantisches Lourdes des dritten Jahrtausends. Ein Wallfahrtsziel für Milliarden. Alle erfüllt von der doppelten Sehnsucht nach Klaus Brinkmann und nach Karol Wojtyla. Nach dem Chefarzt und nach dem Papst. Und ohne die Augen zu öffnen sagte ich leise: »Herr Professor, solange wir getrennt auftreten, mögen wir, jeder für sich, zwei große Männer sein. Aber eben doch nicht mehr als groß. Sobald wir aber gemeinsam vor der Welt erscheinen, werden wir unwiderstehlich sein.«

Noch etwas anderes wollte ich sagen, aber ich brachte es nicht heraus. So ist es ja oft mit Männern, besonders mit zölibatären Männern, das gebe ich offen zu: Sie sind es so gewohnt, ihre Gefühle zu beherrschen, daß ihnen dann, wenn sie doch einmal eine tiefere Empfindung ausdrücken wollen, die Stimme versagt. Hilflos, wortlos schlug ich die Augen auf.

Ich sah in seine Augen, und er verstand. »Nenne mich Klaus«, sagte er mit rauher, bebender Stimme. Und ich antwortete, genauso rauh und bebend: »Sag Johnny zu mir!«

Lieber Joseph! Der Brief ist länger geworden, als ich dachte. Schon stand der Abendstern hell über der Schwarzwaldklinik, schon grasten die ersten Rehe friedlich vor der Isolierstation. Nur die Fernsehkameras surrten traulich durch die Dämmerung, als Oberschwester Hildegard herzutrat, uns beiden ein feines, mütterliches Lächeln schenkte und dann, auf einen Wink des Regisseurs, sanft die Vorhänge schloß.

Gegeben aus der Schwarzwaldklinik
JP 2

»Gemeinsam werden wir unwiderstehlich sein«

Sehr geehrter Herr Tiriac!

Dankend bestätige ich den Eingang Ihres Schreibens vom 17. d. M. Selbstverständlich ist es möglich, in unserer Schwarzwaldklinik auch einen »Tennisarm« zu kurieren. Was Sie mir jedoch vorschlagen, ist – verzeihen Sie – eine Zumutung sondergleichen. Zunächst einmal sollten Sie froh sein, daß Ihr Schützling (oder sollte ich besser sagen: Ihre Goldgrube) Boris Becker nicht wirklich an einem Tennisarm leidet. Daß Sie ihn diese Krankheit simulieren lassen wollen, nur damit er in unserer Sendung auftauchen kann, ist schon schlimm genug. Ihre Honorarforderungen dafür aber sind einfach unverschämt. Glauben Sie im Ernst, die Schwarzwaldklinik hätte es nötig, sich von Boris Becker in der Publikumsgunst »hochziehen zu lassen«? Ja, kennen Sie denn die Einschaltquoten nicht? Und außerdem: Bei uns geht es um die ganze Breite und Tiefe und Höhen menschlicher Existenz, während im Bereich Ihres Filzkugel-Fachidioten das eintönige Plop-plop-plop-fifteen-love nur mühsam über die Boulevardpresse zu einem human-interest aufgemotzt werden kann. Ich versichere Ihnen: Die Schwarzwaldklinik und ich als ihr unangefochtener Spitzenstar werden noch zu Zeiten die Massen an den Schirm bannen, wo sich Ihr Boris längst mit der Roulettekugel amüsieren muß!
Ihre Geschäftstüchtigkeit in Ehren – aber das geht wirklich zu weit. Und was Ihr PS angeht: Nicht nur Sie haben einige Erfahrung darin, ein erfolgreiches Produkt umfassend zu vermarkten, für die Schwarzwaldklinik brauchen wir Ihre Dienste wirklich nicht. Neben Schallplatten, Büchern, Heften, Buttons und Posters haben wir inzwischen auch die Rechte gesichert, die bekannte Operette zum SCHWARZWALDKLINIK-MÄDEL auszubauen.
Alles in allem, falls Sie das bisher immer noch nicht kapiert haben sollten: Stecken Sie sich Ihren Boris Becker doch an den Hut! In meiner Schwarzwaldklinik jedenfalls hat er nichts verloren, aber auch gar nichts! Mühsam die Fassung bewahrend

Prof. Dr. Brinkmann

Von Ekkes Frank

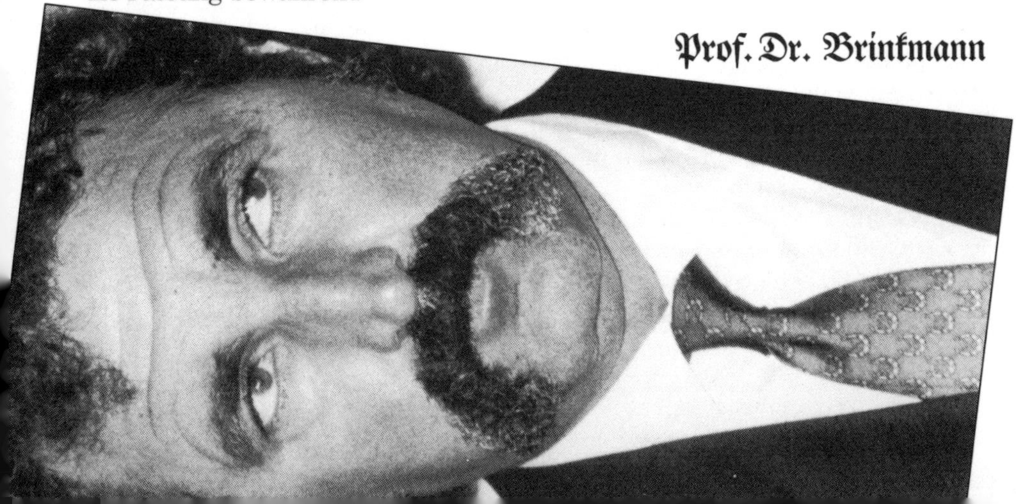

Dear Rick!

Glaub nicht den ausgelutschten Quark, den die alternative Presse wieder über mich schreiben wird: Der Underground-Poet Charles Bukowski wollte beim freihändigen Stehfick ne Kippe austreten, ist dabei in leere Bierdosen geknallt, hat sich den Arsch aufgerissen und liegt in der Schwarzwaldklinik auffem Bauch.
Alles Schwindel und gequirlte Kacke!
Und was die Bürgerlichen sich abquetschen werden, ich hätte vom Suff nen Kreislaufkollaps oder der Dichter Bukowski wär geläutert und würde hier als Pfleger anfangen, ist genau son Dünnflitsch.
Die Wahrheit ist, ich hab mich hier in der verdammten Klinik in ein Scheißhaus eingesperrt. Aber das wird mich nicht retten. Sie stecken ihre Köpfe unter der Tür durch, sie hängen sich oben über die Wände, sie bohren Löcher durch die Pappe und haben mich schon halbtotgequatscht. Dabei hatten sie mich nur für ne Lesung eingeladen. Sonst sind Lesungen stupide wie Straßengräben ausschaufeln. Doch an dem hier krepier ich.
Ich muß gegen ihr Gequassel anschreiben!
Also paß auf.
Ich sitze im Flugzeug. Stundenlang fliegen wir durch diesigen Mist. Ich male mir aus, wie es wäre, wenn uns ein Flügel abbrechen würde. Sauf mir die Angst weg. Und gerade stoß ich mir die Stewardeß mit den Krampfadern vom Schoß, da sind wir über der Grenze zur BRD, und whamm: unter uns saftige Wiesen, grüne Bäume, zufriedene Kühe. Am Flughafen ein junger Mann in Weiß.
»Ich bin der Ersatzdienstleistende Mischa, der für die eingelieferte Patientin Frieda Baskow den Waschbeutel aus ihrer Wohnung holen sollte und der dann beschuldigt wurde, 450 Mark gestohlen zu haben, und der seine Unschuld beteuert hat und dem nur Professor Brinkmann geglaubt hat und der dann die Abiturientin Franziska mit dem unehelichen Kind geheiratet hat und das tiefbesorgte Mädchen doch noch zum Lachen gebracht hat, und ich soll Sie abholen.«
»So«, sag ich, »und wenn du jetzt nicht wenigstens einen Monat lang deine Schnauze hältst, dann bring ich mich um, und dann ist die Lesung geplatzt.«
Aber er hält sich nicht dran.
Ich guck mir die Gegend an. Ich sag: »Nette Gegend.«
Er sagt: »Sie müßten mal hier sein, wenn Schnee liegt.«
Gott sei Dank, denk ich, daß mir wenigstens das erspart bleibt.

Von Michael Klaus

Vorm Portal haben sich alle aufgestellt. Der alternde James Dean heißt Professor Brinkmann. Leitet die Klinik. Klopft mir auf die Schulter. Sagt: »Das müssen wir feiern!« Seine Frau Christa sagt: »Es gibt Gerechtigkeit im Leben. Eine höhere Gerechtigkeit.« Sein Sohn Udo aus erster Ehe, groß, blond, stark, denkt zehn Minuten. Dann sagt er: »Meine wilden Jahre sind vorbei.«

Mir wird schwindlig. Ich find aber noch das Klo. Kotz. Dann find ich auch noch den Eingang zum Saal und den Aufgang zur Bühne. Oben stehen ein Stuhl und ein Tisch. Ich stelle meine Reisetasche auf den Tisch und fang an auszupacken.

»Ich bin Bukowski«, sag ich zu den 120 im Saal, »und hier hab ich ein paar Unterhosen und ein Paar Socken und ein Hemd und eine Flasche Scotch und ein paar Gedichtbände.«

Ich pelle die Zellophantüte von der Flasche und genehmige mir einen Schluck.

»Irgendwelche Fragen?«

Einer steht auf.

»Ich bin der von Schmerzen gepeinigte Pianist Bodo Buderius, der am Anfang einer vielversprechenden Karriere steht, und ich will fragen, welche Geschichten Sie so schreiben.«

Ich sag: »Eine hab ich, in der ein alter Stummfilmstar zwei Kids einen blasen muß und dann doch von ihnen umgebracht wird.«

Professor Brinkmann steht auf: »Sie, das müssen wir feiern!«

Steht ne Frau auf.

»Ich war die nicht angeschnallte Anästhesistin Dr. Elena Bach, die vor vierzehn Tagen gestorben ist, und will fragen, was schreiben Sie eigentlich so für Gedichte?«

Ich sag: »Eins hab ich, wo zwei Kids in meine Wohnung kommen und mir einen blasen, weil sie mich für Hemingway halten.«

Steht die Oberschwester auf: »Ist Ihr Themenkreis nicht sehr eingeschränkt?«

Charles Bukowski: »Ich laß die Hosen runter. . .«

»... und von draußen nur: Quack! Quack! Quack!«

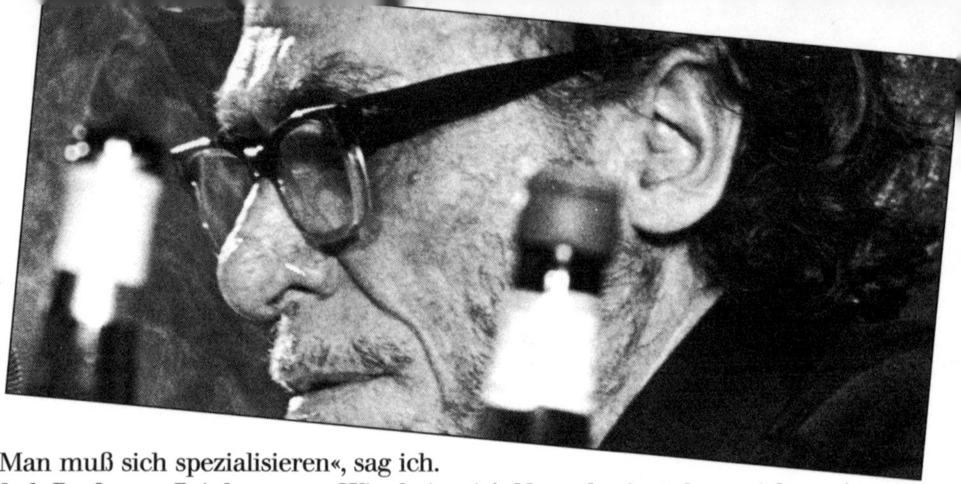

»Man muß sich spezialisieren«, sag ich.
Und Professor Brinkmann: »Wie bei mir! Nur als Arzt kann ich meine wahre Liebe geben!«
Dann steht noch einer auf.
»Ich bin ein sklerotisierter Programmdirektor und sehe das Triviale als Transmissionsriemen für die Hervorhebung positiver Grundmuster einer Gesellschaft.«
Ich sag, sie sollten einen Moment auf mich warten, ich müßte mal aufs Scheißhaus.
Ich packe meine Pulle Scotch und quäl mich von der Bühne, da stehen alle 120 im Saal auf. Ich geh Richtung Klo, da kommen sie alle hinter mir her.
»Is keine Visite!« sag ich.
»Nehmen Sie mich«, Frau Annetilde Metzner faßt mir auf die Schulter, »wegen Ihres eingeschränkten Themenkreises: Erst als mein Mann selbst einen Herzinfarkt erlitt, erkannte ich reumütig, daß der Wert des Lebens wichtiger ist als alle finanziellen Kalkulationen.«
»Ich nehm dich gleich, Metze, aber laß mich erst auffen Pott!«
»Oder nehmen Sie mich!« ruft der alternde James Dean von ganz hinten. »Quäl mich die ganze Nacht mit Selbstvorwürfen wegen Sterbehilfe oder Suizidgefahr, dann aber raus außem Bett, frühmorgens den Mörder Max Ocker operiert. Das sah übel aus! Mittags den Stuntman Harry Poser. Das sah übel aus! Nachts die Bankräuber Matthes, Heinz und Willi. Das sah übel aus! Zwischendurch im Schwesternzimmer ein Gedicht geschrieben. ›Mime nur und Narr der Zeit / ich ernte nur Vergeblichkeit!‹ Dann raus aus den Schwestern und dem Max Ocker eröffnet: Nach dieser Operation können Sie nie mehr als Mörder arbeiten! Und Max Ocker darauf: Sie, das müssen wir feiern! Und meine Frau Christa: Es gibt Gerechtigkeit im Leben. Eine höhere Gerechtigkeit! Und mein Sohn Udo: Meine wilden Jahre sind vorbei! Und ich zur Oberschwester: Ihre Veilchen haben Blühkraft! Und dann reißt Udo vor Katarina aus. Angie und Hund Jerry reißen auch vor Katarina aus. Käti reißt vor Ex-Kammerpräsident Taubricht aus. Frau Kolb hat eine Tot-

geburt. Hajo und Ralf vergewaltigen Astrid. Aber Wiebke Busch ist von ihrem Reitunfall genesen.«
Ich schaff es zum Pott. Reiß die Tür auf. Und alle 120 mit rein.
Aber ne Einzelkabine krieg ich noch. Tür zu. Ich laß die Hosen runter. Setz mich auf die Brille. Und von draußen nur: Quack! Quack! Quack!
»Daß Christa Brinkmann Dr. Vollmer umarmt hat, war nur ein Mißverständnis!«
»Dr. Schäfer ist trotz seines Rheumaleidens in die Gletscherspalte gestiegen!«
»Oder ich gestern! Kommt ne Frau zu mir: Herr Professor, mein Busen ist nicht mehr so. Ich sag: Ihr Mann hat ein Doppelkinn. Sie: Das habe ich noch gar nicht bemerkt. Ich wieder: Weil Sie Ihren Gatten lieben!«
Dear Nick! Weißt du, wie interessant einhundertzwanzig ausführliche Menschenschicksale sind, wenn einem selbst die Blase platzt!
Ich kann nicht schiffen! Weil alle anklopfen an mein Scheißhaus, bevor sie mir ihr Leben erzählen! Und wenn immer einer klopft, kann ich einfach nicht!
Ich schrei.
Da zwängt Lernschwester Elke ihren Kopf unten durch:
»Nimm aus den Schmerzen des Tages die Kraft!«
Ich jaul.
Brinkmanns Gebiß ist schon über der Tür:
»Der Schmerz, der mich traf, war Sehnsucht mir!«
Direktor Mühlmann sticht seitlich durch die Pappe:
»Der Finger Gottes kam!«
Und über der Tür wieder der Brinkmann:
»Es ist die Zeit des Sterbenwollens!« Und dann hängt er schon halb über der Tür drüber, und mit ausgebreiteten Armen:
»Im Glottertal, im Glottertal,
da isch a jedes gern,
Wer d'Heimat hät im Glottertal,
der sehnt si nit in d'Fern.«
Einmal noch reiß ich mich zusammnen. Zitier auch einen ihrer Dichter. Schrei es dem irren Brinkmann rauf:
»Wilhelm Hauff: In dieser Gesellschaft zu schiffen war mir ein Greul!«
Dear Nick! Jetzt habe ich die Klotür vollgeschrieben. Vielleicht schickt sie dir einer, wenn ich geplatzt bin.
Wahnsinn ist gut. Aber ich will nicht diese Mischung aus Andreas Gryphius und Hans Rosenthal:

Dies Jammertal ... ist Spitze!

Ich will in meine Sorte von Wahnsinn!

Buk

GÜNTER WALLRAFF BERICHTET SEINEM VERLEGER VON EINER GLÜCKLOSEN RECHERCHE

Lieber Neven,

verzeihen Sie die miserable Handschrift — es ist einiges schiefgegangen hier. Soviel vorweg: Die geplante Reportage über die Hintergründe der Schwarzwaldklinik können Sie sich aus dem Kopf schlagen; irgendwie habe ich die Sache nicht in den Griff bekommen.
Schon als ich das Gebäude sah, hatte ich ein ungutes Gefühl. Ich klingelte trotzdem. Der Verwaltungschef musterte mich über den Schreibtisch: korrekter Nadelstreifenanzug, Silberkrawatte, teures Rasierwasser. Ich selbst hatte aus Authentizitätsgründen drei Wochen nicht mehr geduscht.
»Sie sind Türke?«
»Ik Türke. Mein Nam Ali Levent.«
Das sei ja großartig. Er sprang aus dem Sessel und schüttelte mir die Hand.
»Mühlmann! Sehr erfreut, Ihre Bekanntschaft zu machen! Wissen Sie, ich *liebe* die Türkei und die Türken. Der türkische Mensch ist so unverbildet, finden Sie nicht? Meine Frau und ich fahren seit fünfzehn Jahren jeden Urlaub in die Türkei. Wir haben sogar ein paar Abendkurse für Türkisch belegt . . . Insaniyetin bu kara günleri sonuna yaklaşmiştir, hak kuvvete galebe çalakcaktir! Anliyor musunuz?«
Ich mußte zu einer Kriegslist greifen, die Ihnen bereits geläufig ist.
»Ik nix Türkis. Griekeland aufwax, sprek der Griekis.«
»Nein, so etwas!« Mühlmann strahlte. »Zufällig habe ich ein humanistisches Gymnasium besucht. Wir haben uns weidlich mit dem Griechischen herumgeplagt, das kann ich Ihnen versichern. Da freue ich mich aber, daß ich endlich einmal in Ruhe mit jemandem griechisch plaudern kann! Thélete éna kafé, kirie Event? Pós sás arési i jermania mas?«
Ich mochte den Mann nicht. Zum Glück fiel mir das Athener Intermezzo ein, wo ich im Alleingang das Papadopoulos-Regime demaskiert hatte.
»Ik werd in Athen gefoltert«, sagte ich. »Folterer auk sprek der Griekis zu Ali.«
Er erblaßte. »O Gott ... verzeihen Sie vielmals ... ich wußte ja nicht ... aber sagen Sie ... wie sollen wir denn miteinander reden?«
»Nix red«, sagte ich, »Ali arbeit. Gutt arbeit, Sseishaus putz mit gleiche Lapp wie OP-Tisch. Dreckarbeit alles mak.«
»Aber ich bitte Sie, mein Lieber!« sagte Mühlmann. Es verstehe sich doch von allein, daß die Deutschen ihre deutschen Toiletten selbst sauberhielten. Ob ich z. B. wisse, daß Professor Brinkmann ein passionierter Klosettreiniger sei? Da bleibe fast nichts für die Putzfrau.

Von Jürgen Buchmann

Er bot mir eine Havanna an. »Nein, nein, mein Lieber... wissen Sie was? Sie werden unsere Blumen gießen. Sagen wir – zwölf Mark fünfzig die Stunde?«
Das war es nicht, was ich gewünscht hatte. Heiser erkundigte ich mich: »Wieso Blum? Nix Leiche wasch? Nix Maloch in Röntgeraum?«
»Aber mein lieber Ali!« sagte Mühlmann. »Leichen gibt es in der Schwarzwaldklinik nicht, und die Arbeit im Röntgenraum ist für eine ungelernte Kraft viel zu gefährlich.« Er klopfte mir väterlich auf die Schulter. »Da pieken Sie nur die bösen Strahlen! Kümmern Sie sich nur um die Blumen! Wie sagt unser Dichterfürst doch?

Sah ein Knab ein Röslein stehn...
Allah izmarladik!«

Ich stammelte mechanisch »Güle güle!« und wässerte den Rest des Vormittags für zwölf Mark fünfzig die Stunde Gummibäume. In einer unbestimmten Weise kam ich mir mißbraucht vor. Irgendwann umschlangen mich weiche Arme von hinten, und eine zärtliche Stimme murmelte mir ins Ohr: »Armer Ali! Nicht traurig sein... türkische Männer sind so gefühlvoll... ganz anders als deutsche...« Ob ich sie heute nacht besuchen käme?
War denn hier *alles* in Ordnung? Sollte wirklich keine Wolke diesen Himmel trüben? Ich versichere Ihnen, lieber Dumont, es war der absolute Tiefpunkt meiner Enthüllungstätigkeit.
»Für Ali nix Möse, nur Moos«, erwiderte ich im düstersten Lokalkolorit. In diesem Augenblick wurden wir durch die scharfe Stimme der Stationsschwester getrennt.
»Schwester Elke, Sie gehen sofort an Ihre Arbeit! Und Sie, Herr Levent, folgen mir bitte.«
Endlich war es soweit! Ich war gespannt, was der »Kümmelfresser« zu hören bekommen würde. Eine Schwingtür öffnete sich; es roch nach Kantine, und während die wohlwollenden Blicke der gesamten Belegschaft sich auf mich richteten, erkundigte sich eine beflissene Stimme: »Börek oder Lahmacun?«
In dem folgenden unbeherrschten Wutanfall soll ich immer wieder geschrien haben, dies sei eine Demokratie, und ich hätte ein Recht darauf, verarscht zu werden wie jeder andere auch. Man solle unverzüglich meinen Anwalt verständigen.
Im Hinausstürzen hörte ich noch, wie die Anästhesistin sagte: »Fabelhaft, wie gut er in der kurzen Zeit Deutsch gelernt hat!«
Auf dem Korridor stolperte ich über Dr. Sager, der verlegen grüßte. In diesem Augenblick wurde mir endlich klar, was hier gespielt wurde, auf wessen Rechnung diese perfekt inszenierte Komödie ging, wer hier zu den Parias gehörte, den underdogs, den Ausgestoßenen, Erniedrigten und Belei-

digten: Es war Dr. Sager, der Lazarus dieses Sagrotanpalastes!
Blitzartig reifte in mir der Plan, ihn vor dreißig Millionen Deutschen zu rehabilitieren. Wie ich bemerkte, hatte sich Dr. Sager in den Bereitschaftsraum verfügt. Ich brachte mir einen kleinen Schnitt in den Daumen bei und stürzte ins Zimmer.
»Ali Daum sneid«, rief ich, »bös Mikrob in Blut!«
Dr. Sager warf einen Blick auf die Schnittwunde und fiel in Ohnmacht. Ich flößte ihm ein Aspirin C ein, was ihn wieder zu sich brachte. Kreidebleich starrte er auf die Verletzung und stammelte: »Da muß man etwas unternehmen ... haben Sie denn keinen Einlieferungsschein? ... Mein Gott, wo bleibt nur Professor Brinkmann ... Warten Sie ... ich gebe Ihnen eine Spritze ...«
Als ich aus der Narkose erwachte, blickte ich in das schweißbedeckte, aber lächelnde Gesicht von Dr. Sager.
»Ich bin so glücklich«, sagte er. »Meine erste selbständige Operation ... alles klar! Mit dem Daumen haben Sie keinen Ärger mehr ... ich habe ihn amputiert!«
Zur Zeit versuche ich, meine Handschrift auf links umzustellen; sobald ich die Klinik verlassen darf, suche ich Sie im Verlag auf.
Bis dahin grüßt Sie

Ihr
G. Wallraff

Ali Wallraff (l.): »Bös Mikrob in Blut!«

Wie erst jetzt bekannt wurde, hat der Komponist und mehrfache Oscar-Preisträger Wolfgang Amadeus Mozart während seiner Mannheimer Zeit die Schwarzwaldklinik besucht, um dort ein Solokonzert zu geben und sein Budget aufzubessern.

Glotterlotterschlotterthal, 7. Nov. 1777

Allerliebstes Bäsle Häsle!

Ich habe dero mir so werthes schreiben richtig erhalten falten und in meine Klauen schlauen genommen frommen.
Desto besser, besser desto – – – – brauch ich doch dringend zwingend etwas Ermunterung hier in diese elendigliche Schwarzwaldklinik, wo ich von Mannheim aus hinbugsiret, um eyne kleyne nachtmusike zu ehren deren brinkmann stinkmann u. – schlafens gesund, reckens den arsch zum mund – – – was wollt ich? – – zu Ehren also – Curios! – des Professors u. seyne Frischvermählte AusdemEygepellte Jungfrau schau schau aufzuspiellen u. ein RiesenSack kack Dukathen abzuschleppen neppen– – wie? Mein ohr, betrügst du mich nicht? – – doch, doch – Brinkmann Stinkmann will wirklich bezahlen!! – – –? – – – – – Mühlmann Kühlmann hat's zugesagt!!! Und die Mannheimer hochwerthen Geizknochen können mich mal kreutzschneuzweis scheiß, jawohl.
Ja so geht's auf dieser Welt, der eine hat den beutel, der andere hat das geld. Mit wem halten Sie es, Bäsle Häsle Häsle Bäsle? – – – – – mit mir? Oder mit Brinkmann Stinkmann? – – – – – Nu nu nu apropos popo – – – beym Brinkmann Stinkmann ist immerhin zu bedenken, daß er nun in festen Händen und keynerley Chance mehr für anderweitige Amouren huren touren!!! – Also?? – – – Bleibens bey mir, Häsle Bäsle, und pfeifens drauf! – – – – ? – – – – – Wodrauf denn? – – – Sag ich nicht. Dürfens raten braten.
Schlus kus mit dem Brief Trief! Tausend Complimente an H. Vetter und Frau Baaß Krankenhausfraß!
Ich küsse Sie recht wohl und bin wie allzeit
dero tiefergebener Sauschwanz

Wolfgang Amadé Mozart

Von Roswitha Fröhlich

Boris Becker
z. Z. Schwarzwaldklinik
Zimmer 1

Herrn
Ion Tiriac
z. Z. Schwarzwaldklinik
Zimmer 2

Schwarzwaldklinik, im Januar

Sehr geehrter Herr Tiriac,

Ihre Idee, mich hier unknown zur Erholung unterzubringen, was wonderfull. Congratulation. Schreibt man wonderfull wirklich mit zwei el? Doesn't matter, ich fühle mich schon richtig refreshed nd könnte zu jeder Mahlzeit zwei Tennisbälle fressen. Eigentlich komisch, aber hier erkennt mich nobody! Professor Brinkmann kommt dreimal täglich vorbei, und ich laß ihn raten, who I am. Er kommt nicht drauf, wer I am. Gestern abend hielt er mich für den unehelichen Sohn vom Bundespräsidenten, heute früh für einen gewissen Heino junior. Die Frau Doktor, ich believe, sie ist seine Frau, weil sie auch Brinkmann heißt, behauptet steif und fest, sie habe mich im Television Golf spielen gesehen, don't mind, sie sind halt hier ein bißchen weltfremd, born yesterday, wie wir sagen würden. Natürlich verkehre ich mit allen nur schriftlich, as you told me. Ich behalte immer die Kopfhörer vom Walkman auf, damit ich keine falschen Tips kriege, da können Sie ganz relaxed sein, ich befolge Ihre Befehle.
Hier ist es so richtig lonely, und ich denke viel darüber nach, wie ich mein Leben gestalten werde. Schließlich muß man auch ans Alter denken.
Also, das Turnier Ende nächster Woche in Houston gewinne ich bestimmt, dann die drei Schaukämpfe, die vier Grand-Slam-Turniere, und dann kriege ich wieder in Wimbledon den königlichen Händedruck. Schaffen Sie es wirklich, daß ich nicht, wie sagt man, join the army muß? Also, ich glaube ja auch, daß mich unser deutsches Volk lieber auf dem Rasen von Wimbledon als im Dreck von Munsterlager herumhechten sehen will, don't you? Haben Sie Kontakt mit Papa und Mama? Sagen Sie ihnen, daß es mir well geht, pretty well. Onkel Bosch steht den ganzen Tag in der Küche und kocht für mich. Er bringt mir auch das Essen und läßt keine Schwester an mich heran, weil er sagt, die hier von der Schwarzwaldklinik sind immer hinter den Hosen her, irgendwie, ich weiß aber nicht, was er damit meint. Ist doch fein, isn't it, auf der einen Seite in Zimmer 3 Onkel Bosch und auf der anderen Seite Sie.

Von Hansjürgen Jendral

Ich habe gehört, daß Sie jetzt die Schwarzwaldklinik werbemäßig beraten und auch das Management umgestellt haben. Das bringt uns sicher ein schönes Stück Geld?
Ich freu mich schon drauf, wenn wir bald wieder unser kleines Spiel machen und ich raten darf, wieviel Millionen auf meinem Konto sind. Darf ich dann wieder in die Disco, wenn ich nicht mehr als 20 Prozent daneben haue? Übrigens fragte mich Professor Brinkmann neulich, warum ich immer die goldene Armbanduhr trage, auch hier im Bett. Ich wußte es nicht, do you know it? Sehen Sie von Ihrem Fenster aus auch diese vielen dürren oder vertrockneten Tannen? Ich glaube, die Förster gießen viel zuwenig, könnten Sie sich da nicht mal einschalten?
Ich muß jetzt bald Schluß machen, because I have to read a little. Vielen Dank für den Stoß Comics, die Sie mir rübergeschickt haben. Also wie gesagt, ich hab mich toll erholt, bin wieder in full condition und hab in den letzten zwei Nächten keine Sekunde lang von diesem Ivan Lendl geträumt. Dafür ist mir John erschienen und hat gesagt, you are the number one. Er ist ja ein Windbeutel, aber vom Tennis versteht er was, don't you think so? Bei unserer letzten Besprechung haben wir übrigens ganz vergessen, jenen Schlag beim fünften Punkt aus dem dritten Spiel im ersten Satz am Freitagabend in New York näher zu diskutieren, you know, diesen Rückhand-Slice, der angeblich drei Millimeter aus war. Gut, you say, ich soll nicht soviel über so was weinen, aber mir kommen jetzt noch die Tränen hoch. Ich schwöre, es waren höchstens zwei Millimeter, okay? Ich werde dieses Thema bei der nächsten Pressekonferenz nochmals anschneiden, die guys von den Zeitungen hören ja auf mich und glauben jedes Wort.

Boris Becker, Schwarzwaldmädel: »Haben Sie Kontakt mit Papa und Mama?«

Jetzt muß ich wirklich aufhören. Die Frau Doktor Christa (oder heißt sie Gaby?) kommt bald zur Visite, und da muß ich mich noch kämmen und mich frisch machen. Irgendwie wirkt sie so mütterlich auf mich, daß ich mir immer gleich die Hände waschen muß. Der Professor Brinkmann wäscht sich übrigens auch dauernd.
Ich schiebe den Brief wie immer unter der Verbindungstür durch. Ich weiß ja, daß Sie nicht schreiben und kaum reden, aber geben Sie mir ein Klopfzeichen, wenn Sie den Brief gelesen haben, okay?

Ihr gehorsamer
Boris

PS:
Wann darf ich endlich Onkel Ion sagen? Wirklich erst ab der 25. Million?

Friederike Kempner erzählt ihrem Neffen von einer allerliebsten Begegnung

Erstaunen löste kürzlich ein dem Archiv der Schwarzwaldklinik zugegangener Brief aus dem Nachlaß des Kritikers Alfred Kerr (eigentlich Alfred Kempner) aus, den ihm seine Tante Friederike Kempner (berühmt geworden unter dem Pseudonym »Schlesischer Schwan«) zukommen ließ, als sie sich dortselbst zu einer mehrwöchigen Kur aufhielt.

Im schönen trauten schwarzen Wald 20. Januar 1901

Lieber Neffe!

Auch wenn Du zu jenen Mißgünstigen zählst, welche meine Verse mit unverhohlenem Spotte verfolgen, und zuweilen gar unsere Blutsverwandtschaft leugnest, wie mir zu Ohren kam, drängt es mich dennoch, Dir eine Mitteilung zu machen, welche der litterarischen Welt ein rechter Gewinn sein mag.
Wie Du vielleicht erfahren hast, befinde ich mich seit einigen Wochen hier in diesem renommierten Hause, um unter der empfindsamen Obhut Professor Brinkmanns eine plötzlich aufgetretene Schreib-Sperre auszukurieren,

Von Roswitha Fröhlich

die mich daran hinderte, aus dem ewig sprudelnden Quell meines Wesens jene Labung zu erfahren, die das Blümlein der Poesie in mir bislang so ungetrübt sprießen ließ.
Ach, lieber Neffe, Du weißt, was es heißt! Was ist das Leben ohne Verse?? Schrieb ich sie doch früher mit ebenso leichter wie mitfühlender Hand! Machte ich doch noch jedes Blatt voll, das sich mir bot!
Nun – auch Brinkmann wußte zunächst nicht aus noch ein, als er meine Klagen hörte. Ob es vielleicht an meiner Vertreibung aus dem schlesischen Heimatlande lege, gab er zu Bedenken. Und ob es womöglich angelegen sei, einen gewissen Hupka zu Rate zu ziehen? Dann aber – zwei Wochen der Ungewißheit waren bereits ins badische Land gegangen – geschah etwas, das innerhalb eines einzigen sonnigen Tages die Heilung brachte:
Brinkmann, bei der morgendlichen Visite, legte mir ein Büchlein seiner eigenen Verse auf den Nachttisch – verfaßt unter dem Decknamen »K. J. Wussoff«.
»Hier, lesen Sie, liebe Frau Kempner«, sagte er mit dem ihm angeborenen wissenden, doch so bescheidenen Lächeln, »ich denke, die Verslein könnten Ihnen seelische Trutzburg sein.«
Ich erbebte. Ich wußte: Dies ist die Stunde der Erlösung!
Dann schlug ich das Büchlein auf – – –
Was soll ich's noch weiter verschweigen, lieber Neffe? Es *war* die Erlösung! Hatte doch dieser W. nicht nur seelenverwandte Züge mit den meinen – nein! Auch der Strom des Gefühles, der mir hier mitten ins Herz wogte, wirkte wie eine Schleuse auf mein Innerstes!
Ach, lieber Alfred –

»Wenn Du wüßtest, wie mir ist, Du den schnöden Spott vergißt!«

Heilung war diese Entdeckung! Heilung durch das Zwiegespräch mit einem Gleichgesinnten!
»S' ist bei Ihnen wie bei mir«, dankte ich dem Professor und konnte plötzlich wieder scherzen,

»kömmt uns die Muse in den Sinn, wir zwingen aufs Papier sie hin!«

»So ist es, liebe Frau Kempner«, antwortete er und legte seine Hand auf die meine,

»und will die Muse nicht wie wir, dann tut es uns halt leid um ihr.«

Lieber Alfred, habe Dir ein Verslein meines Retters abgeschrieben, damit auch Du Deine Freude daran haben und Dich zum Erwerb des Büchleins animiert fühlen mögest!

Es grüßt Dich
Deine endlich genesene Tante
Friederike Kempner

ZUSPRUCH

K. J. Wussoff

In der
Apotheke Gottes
wächst auch für dich, Mime,
das Pflänzlein
Trost,
wenn es die
bitteren Pillen des Schicksals
standhaft
zu schlucken gilt!

In den
Wipfeln der Tannen
klingt auch für dich, Zweifler,
das Liedlein
Heimat,
wenn du im
Flimmer des Bildschirms
zögernd
zum Blinddarm dich beugst!

An den
Quoten des Einschalts
ermissest auch du, Intendante,
daß ein Halbgott
in Grün
die Kassen
auf ewiglich
füllet.

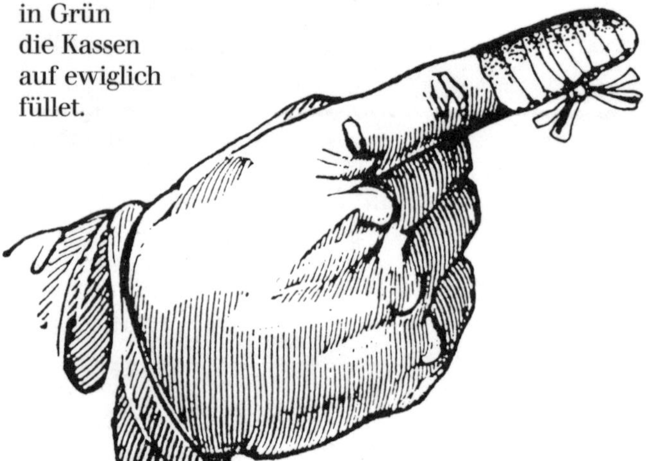

Von Peter Kaczmarek

Ferdinand Köhnen
Zivildienstleistender
z. Z. Schwarzwaldklinik

Lieber Tommy,

seit über acht Tagen hänge ich schon hier rum und bin immer noch nicht Chefarzt geworden – haha! Die Typen hier sind alle unheimlich nett, besonders wenn die Fernsehkameras eingeschaltet sind. Ein total televisionärer Schuppen ist das. Denen fehlt nur noch ein Kabel im Hintern für ständige Anschlußbereitschaft.
Am liebsten sind mir die Lernschwestern. Bei denen kann sogar unsereiner noch was lernen, ehrlich – schmatz, schmatz! Von der Oberschwester, dem alten Drachen, habe ich auch schon viel gelernt. Zum Beispiel: Mit Salzstengeln darf man kein Fieber messen. Oder bei der Medikamentenverteilung muß man immer möglichst fünf verschiedene Pillen verabreichen, weil: Um so größer ist dann die Chance, daß eine wirkt. Vor allem, »anders sprechen« muß ich lernen: im »plural klinikalis«... zum Beispiel: »Na, wie geht's uns denn heute? – Tut unser Bauch noch weh? – Waren wir denn heute schon auf dem Töpfchen?« – Echt ätzend, vor allem, wenn ich mir das Letztere vorstelle – hihi!
Die absoluten Topstars aber sind die Ärzte. Die haben es ja auch gut: Ihre Erfolge laufen Reklame für sie, aber Ihre Mißerfolge liegen unter der Erde. Als Arzt muß man fließend Lateinisch sprechen können, sonst verwechselt man sehr leicht Operation mit Obduktion. Ich frage mich nur: Wie kommt einer dazu, ausgerechnet Arzt zu werden? – Nun ja, daß einer aus Not Arzt wird, leuchtet ein, es muß ja auch Notärzte geben. Aber ich glaube, die meisten finden es praktisch, daß man da viel Geld verdienen kann. Das sind dann die praktischen Ärzte.
Am meisten Kohle machen ja die Spezialisten: Zahnärzte nur für die Zähne, Frauenärzte nur für die Frauen und Chefärzte nur für die Chefs. Die Anatomen erinnern mich ja an unsere Politiker: alles professionelle Aufschneider! – Aber ich muß Schluß machen, die Pflicht für's Vaterland muß erfüllt werden: Bettpfannen leeren!

Von Herbert Bonewitz

**Mach's gut, aber nicht so oft,
hey, Dein Ferdi**

Eva Braun dankt ihrem Führer für all das Glück, das sie nicht fassen kann

Vorbemerkung: Aus den im Bundesarchiv Koblenz lagernden Krankenblättern der Kurklinik Glottertal (1940–1945: Emmy-Göring-Krankenhaus) ist ersichtlich, daß Eva Braun am 8. Mai 1944 dortselbst von einem gesunden Knaben entbunden wurde, der vom Reichsbischof Ranesch auf den Namen Arnold getauft, von der unverheirateten Mutter zur Adoption freigegeben und von einer Familie Schwarzenegger an Kindes Statt angenommen wurde. Über den gegenwärtigen Aufenthalt der Familie S. ist nichts bekannt. Hinweisen aus den USA, ein Arnold Schwarzenegger lebe dort, konnte der Bundesnachrichtendienst leider nicht nachgehen; der BDI weigerte sich, dem BND für diesbezügliche Nachforschungen Mittel zur Verfügung zu stellen. Der nachstehend erstmals veröffentlichte Brief Eva Brauns an Adolf Hitler datiert vom 6. Juni 1944. Er wurde von der Deutschen Reichspost am 10. Juni abgestempelt, jedoch dem Adressaten nicht zugestellt, weil er unterfrankiert war:

Mein geliebter Führer!

Von Wolfgang Körner

Jetzt ist unser Arnold bald einen ganzen Monat alt, und noch immer kann ich mein Glück nicht fassen! Dir einen Sohn schenken zu dürfen – was könnte mehr Erfüllung bedeuten für das Leben einer deutschen Frau, als von Dir zur Mutter gemacht worden zu sein? Ich weiß, ich darf mein Glück

Wöchnerin Eva Braun: »... ähnlich wie ich an Dir«

nicht in alle Welt hinausjubeln, damit der Feind (der immer mithört) nichts davon erfährt, aber ich darf doch wenigstens Dir schreiben, was in mir singt. Dank, tausend Dank, Dankeschön, mein Führer!
Unser kleiner Arnold entwickelt sich weiter prächtig. Er trinkt wie Ernst Röhm in seinen besten Tagen, und er hat schon so kräftige Muskeln, daß er die Metallstangen seines kleinen Bettchens verbiegen kann. Prof. Brinkmann hält das bei einem Kind in Arnolds Alter für ungewöhnlich. Wenn er wüßte, wer der Vater meines kleinen Arnis ist, würde er sich weniger wundern. Keine Angst, ich bin schweigsam wie ein Grab. Gestern kamen die Himmlers zu Besuch und brachten mir eine Geranie mit. Heinrich wollte Arni sofort in die SS aufnehmen, aber ich erwarte Deine diesbezüglichen Befehle. Meinst Du, der kleine Kerl verträgt die Tätowierung schon?
Emmy Göring hat Gladiolen geschickt und einen lieben Brief. Sie ist stolz, weil Du das nach ihr benannte Krankenhaus vor allen anderen derart ausgezeichnet hast, und ich kann Dir nur immer wieder versichern, wie richtig Deine Entscheidung war. Was immer auch im Reich geschehen mag, in diesem Haus denkt man unbeirrbar deutsch und wird immer so denken. Das Führerprinzip ist in der Klinik voll verwirklicht, entschuldige einer schwachen Frau die Bemerkung, besser verwirklicht als bei Dir in der Reichskanzlei. So was wie Rudolf Heß' Verrat an Dir könnte hier nie passieren; keiner zweifelt die Entscheidung des Professors an, und ohne ihn geschieht nichts. Oberschwester Hildegard könnte ich mir gut als Gau-Führerin bei der Reichsfrauenschaft vorstellen, und meine Stationsschwester, die bald Ärztin sein wird, hängt am Chef ähnlich wie ich an Dir. Fremdarbeiter, die ja überall im Reich an der Verwirklichung des Endsiegs mitarbeiten, kommen in der Klinik nicht vor. Auch ein junger Aushilfspfleger, der mir unziemlich lange beim Stillen zusehen wollte, kann meinen positiven Gesamteindruck von diesem Haus nicht stören, weil er schon auf seine Versetzung zum Strafbataillon 999 wartet.
Verzeih Deinem törichten Weib, wenn es hier von seinen Mutterfreuden und seinem großen Glück berichtet, während der Vater von der Last seiner Verantwortung niedergedrückt wird! Ich weiß, wenn Deine Wunderwaffe erst fertig ist, wird der Endsieg nicht lange auf sich warten lassen. Gestern, als mich unser Arnold beim Stillen in die Brust biß, hatte ich eine kühne Vision, die ich Dir nicht vorenthalten möchte, weil sie Joseph Goebbels vielleicht verwenden kann.
Mein geliebter Führer, dieses Krankenhaus könnte Vorbild werden für das ganze Deutsche Reich! Was immer auch geschieht, jeder blickt hier voll Vertrauen auf die Führung. Nichts, was ihren Augen verborgen bliebe. Qualvolles Leiden, das es ja bis zu Deinem Endsieg leider noch gelegentlich im Deutschen Reich gibt, wird nicht in zersetzender Weise breitgetreten, son-

dern stillschweigend aus dem Blickfeld geschoben. Wenn in dieser Klinik überhaupt gestorben wird, ist es ein gnädiger Tod, ein deutscher Tod, ist es quasi Euthanasie. Sofort nach einem Sterbefall sorgt der Professor für Heiterkeit, und wenn sich trübe Gedanken ausbreiten wollen, macht die liebliche deutscheste aller Landschaften, macht der deutsche Schwarzwald alle Trübsal zunichte. Deine Feinde mögen zehnmal mehr Waffen haben als wir, solange es noch diese Klinik gibt, ist Deutschland nicht verloren!
Mein Führer! Was hältst Du von der Idee Deines törichten Weibes, einen Ufa-Film in dieser Klinik kurbeln zu lassen und es jedem Volksgenossen zur Pflicht zu machen, diesen Film in jeder Woche einmal zu besuchen? Wenn Veit Harlan das Drehbuch schriebe, Leni Riefenstahl die Spielleitung übernähme, Willy Birgel oder, besser noch, Gustaf Gründgens den Professor Brinkmann spielte, Kristina Söderbaum die Oberschwester Hildegard und Heinz Rühmann einen der Oberärzte — das würde Deinem Volk Kraft geben können in dieser schweren Zeit, würde Deinem Volk Zweifel am Endsieg nehmen und ihm in jenem Glauben bestätigen, der das Wichtigste ist; in dem Glauben, daß alles bestens geregelt ist im Deutschen Reich und im Leben überhaupt, wenn dem Führer bedingungslose Gefolgschaft geleistet wird, ohne daß die Volksgenossen unnötig nachdenken oder gar unnötige Fragen stellen. Die Gleichschaltung der Gehirne, die Alfred Rosenberg vorschwebt — in dieser Klinik ist sie auf das schönste verwirklicht. Wäre es nicht ein Geschenk des Führers an das Volk, wenn alle diesen schönen Vorgeschmack auf die Zeit nach dem Endsieg schon jetzt mit mir teilen könnten?

Heil Dir!
Deine Eva

PS:
Gerade hat mich unser Arnold wieder gebissen!

EINGEGANGEN
28. NOV. 19[illegible]
7531

An die
Schwarzwaldklinik
hier

Sehr geehrter Herr Prof. Dr. Brinkmann!

In letzter Zeit häufen sich hier derartig die Menschen, daß es an der Zeit ist, dem Einhalt zu gebieten. Das geht mir jetzt alles total auf den Sack, denn ich will hier meine Krankheit in Ruhe und ungetrübtem Glück verbringen. Deswegen bitte ich um dringende Abhilfe. Ein Krankenhaus ist doch ein Ort wo auch Patienten liegen, die Gesundheit schöpfen wollen.

Ein empörter Patient
Chirurg. Abt. Zimmer 357

Von Dieter Huthmacher

Sehr geehrter Herr Prof. Dr. Brinkmann!

Nachdem mir in Ihrem Hause
ein freudiges Ereignis widerfuhr,
will ich Ihnen heute schon fest
versprechen, Sie auch bei meiner
nächsten Niederkunft
diesbezüglich zu Rate zu ziehen.

Hochachtungsvoll

Von Dieter Huthmacher

»Kollektive sind Käse! Es lebe die Persönlichkeit!«

EIN ARZT AUS EINER KLEINEN VORSTADTKLINIK SCHREIBT AN SEINEN KOLLEGEN DAHEIM IN DER ČSSR

Lieber Genosse Oberarzt Bavič!

Ahoi, alter Skalpellwetzer, sozialistische Grüße aus dem kapitalistischen Ausland sendet Dir Dein Kollege Pivič! Die Digitaluhren fürs Mediziner-Kollektiv habe ich besorgt, nun hoffe ich auch, daß Du die Ziegelsteine für meine Datscha lockergemacht hast, die Du bei Kragujivič gegen 10 l medizinischen Alkohol eintauschen wolltest.

Weshalb ich schreibe: Die echt Schwarzwälder Kuckucksuhr, die Du für den Rasenmäher haben wolltest, ist auch schon im Gepäck!

Leider kann ich noch nicht abreisen, eine komplizierte Fußknöchelfraktur hält mich hier fest, leider! (Nicht daß Du denkst, ich sabotiere unser Operationssoll!) Als ich das malerische Kongreß-Hotel nach dem letzten Referat (»Neue Formen der Hämorrhoidalresektion«) verließ, stolperte ich – und jetzt liege ich in der Schwarzwaldklinik.

Lieber Bavič, Du erinnerst Dich sicher noch daran, wie die Genossen Dokumentalfilmer von der Čech-Film den Alltag in unserem kleinen Vorstadt-Krankenhaus abfilmten? Du weißt, wie wir uns bemüht haben, die kleinen Eifersüchteleien und Machtkämpfe, die Schiebereien, Pfuschereien, die schlechte Organisation, die mangelhafte Versorgung und was weiß ich noch alles unter den Teppich zu kehren. Wir haben's ja auch leidlich geschafft, trotzdem ist immer noch genug übriggeblieben! Aber wenn ich mir diesen Laden hier angucke – es wird übrigens auch gerade eine Dokumentationsserie abgedreht –, hier läuft es doch ziemlich anders!

Weißt Du noch, wie der alte Hilfspfleger Cevič hackevoll in den OP getorkelt kam? So was gibt's hier nicht. Alkohol wird nur als Desinfektionsmittel verwendet!

Oder unser »Drache« Miramvič: mit verrutschter Schwesternhaube, ständig gereizt, übermüdet und Tabletten kauend, solche Figuren wären hier undenkbar! Hier sind sie total locker, lachen, haben offene Ohren und Herzen. Du kriegst das Maul vor Staunen überhaupt nicht wieder zu!

Ich habe zuerst natürlich gedacht, das ist ein schmutziger Trick dieser Kapi-

Von Wolfgang Sieg

talisten! Dann aber sind mir, entschuldige, immer mehr aufrührerische Gedanken gekommen, lieber Bavič: Vielleicht sind sie hier nur deshalb so charmant und gepflegt wie die Filmstars, weil bei ihnen diese kleinbürgerlichen Abgeschmacktheiten selbstverständlich vorhanden sind, die einigen von uns noch immer den Weg zum endgültigen Kommunismus verstellen: Baumaterialien für Datschen, wohlschmeckende und billige Alkoholika, Digitaluhren und echte Jeans! Ich gestehe es, Bavič, manchmal kommen mir sogar recht reaktionäre Gedanken: Trotz der häufigen politischen Schulungskurse und der strengen Plansollverpflichtungen werden bei uns ja noch immer von Ärzten medizinische Leistungen abgerechnet, die nie erbracht worden sind! Werden neue Medikamente für ein kleines Nebenhonorar an Patienten ausprobiert, ohne die Leutchen zu informieren! Und als der senile Professor Berenbevič die Venen mit den Arterien durcheinanderkriegte und dem Patienten das Bein amputiert werden mußte, da wurde es vertuscht! Und daß vom Staat subventionierte Krankenhausbetten und -leistungen gewissen Medizinern in leitenden Positionen die privaten Taschen füllen, also, das wäre hier vollkommen undenkbar!
Ja, undenkbar!
Im Vertrauen, lieber Bavič, könnte es nicht angehen, daß unsere sozialistischen Medien uns, wie soll ich es sagen, aus sicher ehrenwerten propagandistischen Beweggründen ... kurz, Du weißt, wir haben Schwierigkeiten mit völkischen Minderheiten, mit Zigeunern zum Beispiel, man sagt, sie röchen streng, hätten einen anderen Glauben, schlügen ihre Frauen ... in unserem Krankenhaus lagen sie in einem besonderen Flügel. Hier in der BRD, so heißt es in unserer ČSSR-Berichterstattung, soll es Türken geben, die hier genauso angesehen sind wie bei uns im Sozialismus die Zigeuner.
Unter uns, Bavič, ich habe weder auf dem Kongreß noch in der Klinik einen einzigen Türken gesehen!
Und die Arbeitslosen! In jedem politischen Magazin von ČS-TV ist die Rede davon, Millionen Arbeitslose soll es hier geben! Rate mal, wieviel Arbeitslose ich hier schon zu Gesicht bekommen habe, Bavič! Zieh Deine Schlüsse daraus!
Nicht daß Du denkst, ich wolle mich vom Sozialismus abwenden, lieber Kollege, aber, mal ehrlich, schau Dir an, wie unser Kollektiv ein Krankenhaus leitet, und dann sieh Dir an, wie eine einzelne hervorragende Persönlichkeit wie der Prof. Brinkmann hier eine Klinik führt, und Du wirst erkennen: Kollektive sind Käse! Es lebe die Persönlichkeit!
Ach ja, zum Schluß noch etwas, was uns unsere einseitig propagandistischen Medien immer vorenthalten: Hier bekommt ein Mediziner das an Entgelt, was ihm wirklich gebührt! Was meinst Du, wieviel es ist, monatlich 800 DM? 1000 DM? Vielleicht sogar 2000 DM? Du rätst es doch nicht!

Aber ich rate Dir: Beantrage schleunigst Deine Teilnahme am nächsten Mediziner-Kongreß in der BRD! Und dann brichst Du Dir auch die Knöchel und kommst in die Schwarzwaldklinik zu

Deinem
Freund und Kollegen
Pivič

PS:
Im Nebenzimmer liegt so ein Hagerer mit einem schweren Ulcus. Er sagt, er sei Sozialpädagoge. Hat mir sogar seine Adresse gegeben (Lindenstraße sowieso, Nummer hab ich vergessen...). Der will mir weismachen, daß die Schwarzwaldklinik eine »heile Welt« sei, vollkommen unrealistisch. Er wohne in einer Mietskaserne, da wimmele es nur so von sozio- und psychologischen Problemen, ich könne ihn da gerne mal besuchen undsoweiterundsoweiter! So wie der redet: Ich glaub, es ist einer von unserem Geheimdienst! Werde dem Kollegen Brinkmann oder dem Kommissar Mühlmann nachher mal einen Tip geben.
Gruß P.

CHANCELLOR HELMUT KOHL WRITES HIS OFFICE-BROTHER RONALD REAGAN

My dear friend Ronnie!

Von Ekkes Frank

How I hear you want know, warum I am in the Blackforest Hospital and how it me goes. But let me zunächst something anderes say: Is it not unfreezing, how the SPD and her helpershelpers on your great SDI-programm rumride? It does me so sorry, can I say you, from because all these fatherlandless guys!
But now to your question: It was not my own idea to come hereher. But as you maybe heared have, we have elections in this our country in the

january 1987 and I will nothing else but them win. You know yes, how I my job love and how successrich I as Chancellor am. And you self know it at the best, what publicity brings – it is very important to come as often as possible on the picture-umbrella, when the millions on it look. So has my good friend Heiner Geißler beforebeated to let me operate from Prof. Dr. Brinkmann, naturely not really, we only do so as if. We have long long afterthought, what for an illness I have and finally we had it. We explain our tolookers that I have a bad trackbone, because Franz Josef Strauß attacks me so often there down. And Dr. Brinkmann has – how always – the saving idea and he plants me a piece of steel in my bone, so I am unhurtable (as our great beforedriver Siegfried was).

First Heiner Geißler thought, that I could also have a little love-affair in the Blackforest Hospital, it is usual there and absolut clean and never dirty. But I have trotzdem No said. I think, nobody would that believe that I have what with a woman, where I so wellmarried am and the idea of the family as such always so highkeep. To that comes, I wanted the feelings of my wife Hannelore not hurt and Juliane Weber also not and the picture, what the millions of German womans have, erst right not. How stand you to this, Ronnie? And Nancy?

Well, so will I stay in the Blackforest Hospital for the next weeks until the roundquestionings show, that my victory is undangered. The thing has a good besides-effect: Finally I have the time to learn your wonderful language. I was so glad yesterday, as Dr. Brinkmann said to me: Your English is now better than the English of Franz Josef Strauß! I believe, also the German people is proud, if it sees how pictured his first man is.

Now I will close, it is time to make the light out. Greet me Nancy! And be self umarmed from your devoted friend

Helmut

Love-affair im Blackforest Hospital?

Liber Gündy Walraf,

ich mich, jetz endlich als Pudsfrau hir eingeschliche in Klinik. 3 Tagen ich jetz hier, u. schon kann ich machen Dir wehrtvolle mitteilungen: 1. prof. Brinkmann is gar keine echte professor! Ales erlohgen u. erstungen! in wirklichkeit sogenante Professor is poblige schauspiler an burgtheader im Wien, Austria. und hat bei Schekespiere gespilt dem Horatio, fals du wissen, wer ist. Nebberoll!! Dem Hammelett spielte dem Brandauer. Warr aa nix, wie ich gelese haben. Also: nix doktor, nix habilitiert — alles nur Irrefiehrung.

2. Das, was du wissen wolle wg. BUNDESPFLEGESATZ-VERORDNUNG: aa nix hier in klinik. kimmern sich überhaup nich um so was. Aa nix um KRANKENHAUSFINANZIERUNGSGESETZ. Nich mal kennen Namen von die Gesetze.

Chef nur bleed grinsen, wenn ich beiläufig fragen beim putzen in sein Artztzimmer. »Pflegesatz-Verordnung?« er fragen gans harmlos. »Ich nix wissen, was bedeutet. Ich nur hier in Hauptrolle Fernsähe. Ich nix Ahnung von Arztsache. Ich nur mache kluge Visage und gütig lächle. Das alles. Du kapieren?« Ich antworten: »Danke, das genügen.« und nix mehr auskundschaften.

Mit die Ausbeutung von den Personal ich noch nix rauskriege. Immer nur GAGE, GAGE, GAGE. wenn ich anfangen davon.

Lieber Gündy,
du wieder hören von mir!

Deine Ürsüy

PS:
Deine Buch imer noch auf Bestelist? Gratulürü!

Von Roswitha Fröhlich

Liber Gündy Walraf,

ich dir müssen wider aufrägendes mitteilen:

Gestern Kardinal Razzinger hirgewese, und haben mit Nakkoseärztin Katarina, wo is schwiggertochter von Prof. Brinkmann, geplaudern, bezw. ihr im Gewissen geredt. Du wissen? Katarina sein schwanger und erwarten keimendes Läbbe. Und Kardinal Ratzinger extra angereisen, um ihr zu sagge, daß keimendes Läbbe heiligmäsig is und dem Paragraf soundso unnerliegen.

Von Roswitha Fröhlich

Und sogar dem Papst haben gesagen, daß Sünde, wenn Paragraf nich befolgen! Katarina haben geweinen und geschluchzen, weil, das ist von Pabst u. was von Pabs is, is was gans Hohes. Aber Katarina sagen, sie müse sein hart gegge sich und nich könne gehorche ihre Instinkt, weil da is Karriere, u. was Fraue anbelangen sowieso alles fil schwürüger als bei Männern, u. ich finden, sie haben recht damit, odr?
Liber Gündy,
ich muß schlissen. Chef Brinkmann kommen in Zimmr und sich wundern, was unterpriviligirte Pudsfrau machen mit Heft u. Schreiben.
Hahaha, gell?
Mit konspiratüfen Gryss

Deine Ürsüy

Wolfram Siebeck entdeckt ein Meisterstück der Kochkunst

Liebes,

es geht mir dank der fürsorglichen Behandlung schon wieder viel besser! Gestern sagte mir der Professor in der Visite: »Herr Siebeck, das ist keine Gastritis – das ist ne Krankheit!!!«, doch nun zum Wichtigsten:
Hier eröffnen sich mir nie gekannte kulinarische Dimensionen. Weißt Du, was eine »Kohlroulade« ist? Nein? Zu Deiner Entschuldigung, ich habe es auch nicht gewußt – bis gestern!
In einem sehr heißen, dicken, weißen, weichen, aber auch durchaus knorrigen Kohlblatt schlummert eine Art kompakte und zugleich poröse Fleischfarce, die wohl durch Zugabe von feinen Getreideanteilen eine traumhafte Lockerheit ihr eigen nennt und – Vive la différence! La différence entre chaud et froid! – innen rosé und ganz, ganz froid ist! Auch lebt diese Offenbarung ganz ohne Salz! Gipfel der Exotik aber, wenn auch vielleicht etwas zuuu praktisch gedacht, sind sonderbare, unzerreißbare Schnüre, die man erst essend bemerkt und die die Aufgabe haben, sauce in den Mund abzugeben, wenn man sie durch die geschlossenen Zahnreihen nach außen zieht.
Ja, die sauce! Wenn Du wüßtest!!! (Schade, daß Du nicht krank bist – Du müßtest unbedingt auch einmal in diese Klinik!) Die sauce ist raffiniert kalt und geht deshalb eine Symbiose mit dem sofort auf der Zunge zerkrümelnden, pelzigen, kalten Fleisch ein. Ein äußerst sinnliches Ereignis!
Während die farce, einmal vom schützenden Kohlblatt entkleidet, außen

Von Bernd Pohlenz

halbwärmlich und innen sehr kalt ist, sind die Kartoffeln wiederum außen kalt und innen warm (la différence!). Sie haben, obwohl geschält, eine zum Platzen gespannte Haut, und man sieht ihnen ehrliche Handwerksarbeit an: Sie geben sich fast grotesk kantig und sind — Spaß muß sein! — lustig braun gescheckt.
Die Erbsen!!!!! Die Erbsen sind mit Möhren. Welche Idee! Quel esprit! Hast Du jemals eine einzelne vom Laken weggepiekte Erbse genossen? Sie bekommt so etwas Urgewaltiges... Zu diesem sensationellen Geschmackserlebnis ließ ich mir übrigens einen trockenen Kamillentee mit viel Assugrin munden. Er neutralisiert die Mundschleimhaut sehr gut und leitet über zum Dessert.
Le dessert — Apfelsinénkompott á la schwârzwaldclinique — kam mir dann schon (lieb gemeint!) etwas zu wuchtig daher. Ich konnte diese, obzwar excellent creierte, melange aus Säure, Glattheit, Süße und Gallerthaftigkeit einfach nicht mehr verkraften. Habe meine Ente damit gefüttert — »Ente à l'orange« gewissermaßen, ha, ha!

In diesem Sinne grüßt Dich
der bekannte Herr W. Siebeck

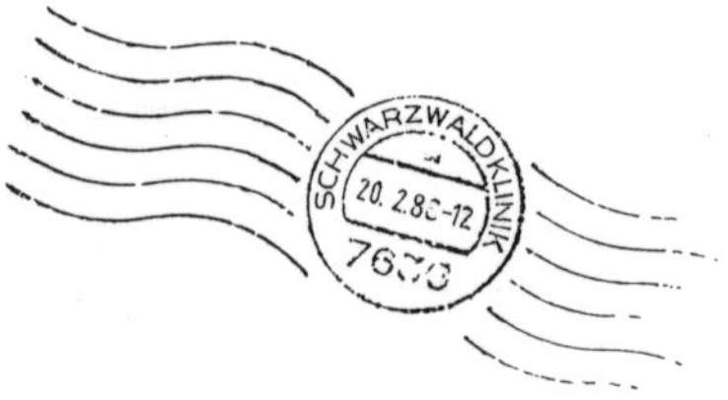

(nach Diktat zum Einlauf in die Innere)
i. A. Anneliese Lautenschläger
Sekretariat

EX-STERN-REPORTER JÖRG A. ELTEN BERICHTET SEINEM ALTEN BHAGWAN VON EINEM NEUEN GURU

Beloved Bhagwan,

Von Wolfgang Körner

wie von Dir gewünscht, bin auch ich aus Oregon in mein Heimatland zurückgekehrt, aber es fällt mir schwer, Deiner Bitte, Dich in Ruhe zu lassen, zu entsprechen. Zu viel hat sich für mich ereignet nach der Trennung von Dir.
Du weißt, wie wichtig es gerade für uns Deutsche ist, einen gütigen und strengen Vater gegenwärtig zu wissen, der uns sagt, was wir zu tun und zu lassen haben, nicht zuletzt deshalb waren so viele meiner Landsleute auf der Ranch.
Was mir mein leiblicher Vater und auch die NAPOLA nie geben konnten, Du hast es mir gegeben, und der Abschied von Dir fiel mir unsäglich schwer.

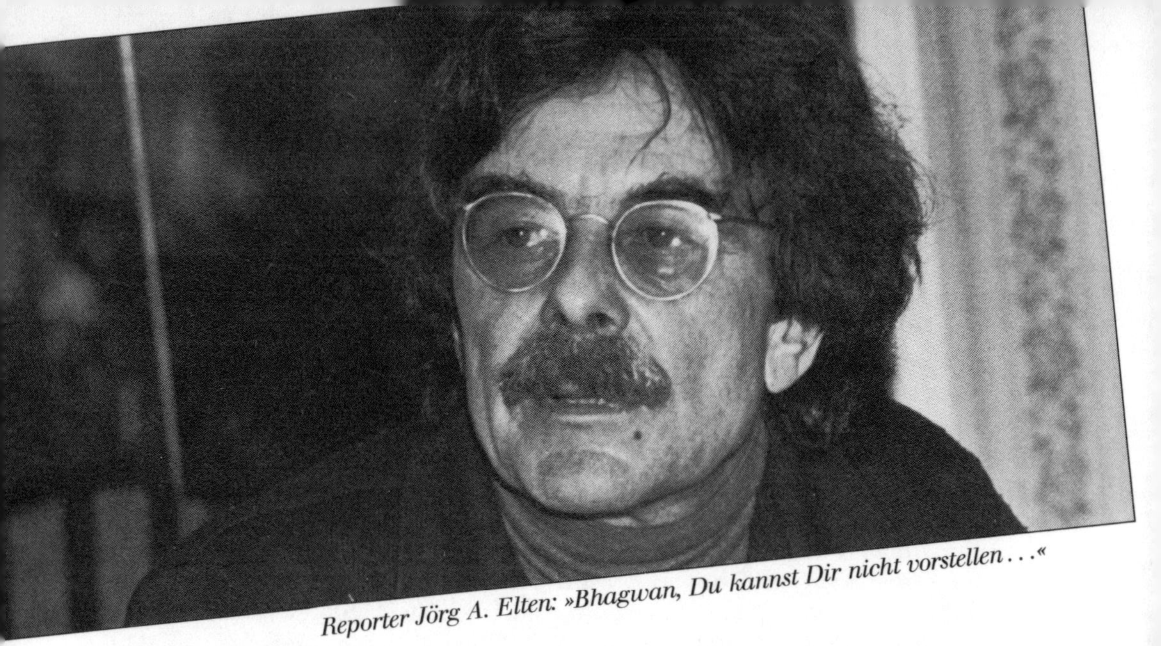

Reporter Jörg A. Elten: »Bhagwan, Du kannst Dir nicht vorstellen ...«

Ich habe Rajneeshpuram in schlechter seelischer Verfassung verlassen, und wenn ich Dir jetzt überhaupt schreiben kann, verdanke ich es jener glücklichen Fügung des Schicksals, die mich in den Schwarzwald führte, der sozusagen mein endgültiger Himalaya geworden ist.
Du wirst es nicht glauben, aber ich habe hier einen neuen erleuchteten Meister gefunden, bei dem ich sofort Sannyas genommen habe. Er trägt nicht Orange, sondern strahlendes Weiß, und er hat nichts dagegen, daß ich sein Foto aus der Zeitung ausgeschnitten und über Dein Bild auf meiner Mala geklebt habe. Er will nur nicht, daß ich die Kette offen trage, so trage ich sie unter dem Hemd, aber direkt über meinem Herzen.
Alle, beloved Bhagwan, verehren meinen neuen Guru Brinkmann, aber ich bin bislang der einzige, den er direkt als Schüler angenommen hat. Jeden Tag bauen wir beide zwei Stunden lang ein Buddha-Feld auf, das er nur wegen der Krankenkasse Psychotherapie nennen muß. Wie Du sagt auch er, daß man seine Probleme selbst lösen muß, aber er gibt einem auch Hilfen dabei. An sonnigen Tagen sitze ich im Park und blicke zu den Bergen hinüber, die mich immer seltener an die Hügel bei Portland denken lassen.
In der neuen Kommune ist vieles anders als in Deiner, aber manches ist ähnlich. Auch Guru Brinkmann hat nichts gegen freie Liebe, er rät nur dazu, sie im verborgenen auszuüben, damit die einfältigen Schwarzwaldbewohner nicht so irritiert werden wie die reaktionären Amis durch unsere Ranch.
Das funktioniert prima. Bhagwan, Du kannst dir nicht vorstellen, was für ein Gerenne hier nachts auf den Korridoren ist. Aber am Morgen, wenn die

Sonne aufgeht, liegt jeder wieder in seinem Bett. Entsprechend freundlich ist die Bevölkerung zu uns. Keine Spur der Feindlichkeit, die uns in Amerika entgegenschlug!
Wenn ich mal in die Stadt darf, um Zigaretten zu holen, sind alle nett zu mir. Nur die Furcht vor AIDS ist in der neuen Kommune so groß wie in der alten. Du hast uns zwar Präservative verordnet, aber mein neuer Guru ist noch konsequenter. Alles, was wir anfassen, wird desinfiziert, und ständig rennen Schwestern mit Sagrotanflaschen durch die Gegend.
Mein neuer Guru hat mir im Vertrauen verraten, daß er in Wirklichkeit ein Geistheiler ist, der seine Medikamente auch nur wegen der Krankenkasse verteilt. Mir hat er pro forma Haldol verordnet. Es hilft mir großartig, weil er es in der Hand hatte und auf diese Weise seine Energien auf das Medikament übertragen hat.
Ein früherer Kollege vom STERN ist übrigens auch hier: Gerd Heidemann. Nach der Sache mit den Hitler-Tagebüchern ist er sehr angeschlagen. Ich will den Meister darum bitten, ihm auch Zuflucht zu gewähren. Vielleicht bringt er Kujau mit, und wir können dann zu viert hier im Schwarzwald ein Buddha-Feld aufbauen, dessen Energie sich in ganz Deutschland ausbreitet. Der Meister sagt, die Chancen dafür seien nicht schlecht.
Du siehst, beloveder Meister, es geht mir prächtig. Ich habe aber auch ein kleines Problem, das mich an Dich schreiben läßt. Ich habe von Dir gelernt, daß Geschenke ein Zeichen der Liebe sind, und ich möchte auch meinem neuen Guru ein Geschenk machen. Er fährt, unbegreiflicherweise, in einem schlichten Mittelklasseauto, und ich möchte ihm wenigstens einen einzigen Rolls-Royce schenken. Leider fehlen mir, wie wohl jedem, der das Glück hatte, Dir zu begegnen, die finanziellen Mittel dafür. Könntest Du so lieb sein, dafür zu sorgen, daß mir ein Teil meines Geldes, das ich in Poona eingebracht habe, zurückfließt?
Ich habe mich in dieser Sache schon an Sheela gewandt, aber leider bekam ich keine Antwort. Sie wird anderes zu tun haben.
In Rajneeshpuram ist alles in Auflösung, und ich weiß nicht, an wen ich mich außer Dir noch wenden könnte. Bitte, beloved Bhagwan, schick mir so schnell wie möglich einen Verrechnungsscheck, ich möchte mich dem Manne gegenüber, dem ich mein neues Leben verdanke, erkenntlich zeigen.
Ich muß jetzt leider schließen, denn gerade kommt der junge Pfleger, der mich zur »Gesprächstherapie« abholt. Nur mein Guru und ich wissen, daß es in Wirklichkeit eine Nada-Prana-Medition ist.
Nach wie vor in tiefer Verehrung

Dein
Jörg A. Elten

Schatzimaus!

Streß! Streß! Streß!
Nicht nur die bedatschte Rolle. Nee, das Furchtbarste sind wieder mal die Kollegen. Ich hab damals ja gleich zu dem Lichtenfeld gesagt: »Mein lieber Herbert, wenn du die hysterische Zimtzicke von Weis nicht bald sterben läßt, dann geh ich ein. Und dann dieser parfümierte Hehn mit seiner Puffkellnervisage. Ich hab ja nichts gegen Schwule, wie sollte ich auch (hähähä!), aber dieser tuntige Typ: brrr! Da fällt mir ein, ich hab mich bucklig gelacht über Deine Bemerkung, ich solle das erotische Gehabe aus der »Schwarzwaldklinik« um Himmels willen nicht ins Private übertragen. Warum denn nicht? Die raffinierteste Perversität ist doch immer noch das Normale.

Der Werbevertrag mit der Firma Berkenstock ist perfekt, wenn mir die unsäglichen Gesundheitslatschen auch schon ein Dutzend Hühneraugen beschert haben. Mit »Spalt« mache ich nichts. Lumpige Zehntausend, und dafür soll ich 4 von diesen Tabletten fressen, die sind wohl nicht schußecht. Und dann dieser Köhnlechner! Tag und Nacht hockt er mir auf der Pelle, ich soll Herby Lichtenfeld bequatschen, daß er ihm oder seinem Freund Hackethal einen Gastauftritt in ein paar Folgen arrangiert. Und dann will er absolut das »Prof.-Brinkmann-Ginseng« unter die Leute bringen. Für eine Summe, die geradezu lächerlich ist. Man wird sehen.
Du fragst, wie ich mit den Pressefritzen klarkomme. Du, diesmal geht es. Ich gebe Pressekonferenzen. Alles nickt und lächelt. Es hat sich wohl auch schon herumgesprochen, daß der Kohl mich zur Attraktion auf dem nächsten Kanzlerfest machen will. Und dazu kommt noch Lindlaus Bemerkung während dieser berühmten Talk-Show: »Reagan war ja auch Schauspieler...« Und dann machte er eine seiner berühmten Denkpausen. Du, den Beifall des Publikums *kannst* Du Dir nicht vorstellen, auf dem Bildschirm

Von Wolfgang Sieg

kommt das ja nicht so über. Ja, das Publikum... lieb. Ein Großmütterchen erzählte mir, daß es in seiner Jugend dem Führer auf dem Obersalzberg ein Gedicht aufgesagt habe, und später habe es dem Papst die Hand gegeben, aber die beiden seien nichts im Vergleich zu mir. Rührend.
Viele wollen sich von mir behandeln oder zumindest untersuchen lassen, besonders ältere Frauen. Ich sage dann immer: »Ich habe nicht Medizin studiert!« Aber das nutzt nichts. »Die besten Ärzte haben nicht Medizin studiert!« erwiderte neulich eine Greisin. Vielleicht hat sie sogar recht. Unser Produzent Rademann glaubt auch, daß ich so etwas »Parazelsisches« an mir hätte. Als er wieder von seiner Gallenkolik überfallen wurde, bat er mich, meine Hände auf seinen schmerzenden Körper zu legen. Du brauchst es nicht zu glauben, aber es half! Für heute nachmittag haben sich — sehr diskret — mehrere Kranke angemeldet, die von der Schulmedizin bereits aufgegeben worden sind. Ich habe arrangiert, daß alles mit Video aufgezeichnet wird. Und wenn es funktioniert, dann geht die Post aber ab... und Köhnlechner wird sich in seinen mageren Hintern beißen vor Wut!

Drück mir die Daumen!
Dein »Professorchen« Klausi

PETER GLOTZ STELLT DEM GENERALSEKRETÄR DER KP ITALIENS, ALESSANDRO NATTA, EINE FRAGE

Lieber Sandro,

ich habe mich für drei Wochen in diese Klinik zurückgezogen, um meine Rückenverspannungen auszukurieren und in Ruhe die Satzfahnen zu meinem neuen Buch »Die Abstumpfung der Freizeit« zu lesen (die italienische Übersetzung erscheint im April im »L'Espresso«). Ich muß zwar zwischendurch wie immer wichtige Termine wahrnehmen — beim ZDF-Magazin, beim Rheinischen Merkur, mit Heiner Geißler beim SPIEGEL (ich bin Parteisekretär, und ohne mich läuft nichts) —, aber Brinkmanns Massage (Brinkmann wollte mich kennenlernen, ich wollte ihn kennenlernen — Du kennst ihn wahrscheinlich aus Berlusconis Kanal Fünf — wir haben uns seinerzeit zufällig in Wilflingen getroffen, Mitterrand war auch da, ich habe da keine Berührungsängste, die Linke muß schließlich organisiert werden), also Brinkmanns Massage und Köhnlechners Akupunktur (wegen der hohen Einschaltquoten des klinikinternen Privatfernsehprogramms ist

Von Max Engels

Köhnlechner von Hackethals Eubios-Klinik zur Schwarzwaldklinik übergewechselt, denn bei Eubios-TV sanken ständig die Zuschauerzahlen, aber auch hier muß die Linke disponibler und flexibler werden, sie muß sich an die Randschichten des konservativen Blocks herantrauen, an kleine Selbständige und die technisch-medizinische Intelligenz, die Brinkmanns und Köhnlechners eben, denn wer den Schwachen helfen will, muß bei den Starken stark sein. Ich bin stark, denn ich bin Parteisekretär und genieße den Ruf eines modernen Managers), Brinkmanns Massage und Köhnlechners Akupunktur also helfen mir, Zeitsouveränität zurückzugewinnen, bevor Europa endgültig ausrinnt, im Schlafen schrumpft oder in den Pazifik tukkert.

Mit Brinkmann komme ich menschlich wunderbar zurecht, im Nebenzimmer aber liegt einer jener Kassenpatienten, ein Sozialdemokrat von der penetranten Sorte, der mir ständig mit seiner Leidens- und Lebensgeschichte in den Ohren liegt, immer den Tränen nahe, mit zitternden Händen und traurigem Gesicht. Ein Mensch offenbar aus den Rückzugsbewegungen, die den Kapitalismus aus der Perspektive der Besiegten analysieren. Doch ich kann mit abstrakten Begriffen wie Wärme, Wir-Gefühl oder Stallgeruch nichts anfangen, ich bin Parteisekretär und lese den Mythos von Sisyphos. Ja, ich spitze diese These zu und sage: Entweder wir formen eine neue, die alten Lager und die nationalen Grenzen überspringende, historisch operierende europäische Führungsschicht (zu der ich gehöre), oder wir enden im Ekel vor der Selbsterhaltung, sensibel und demoralisiert, bestenfalls in satirischer Résistance.

Ich nenne das die drei Basis-Sätze einer realpolitischen Einschätzung des Gleichgewichts der Klassenkräfte oder die sieben Thesen zur sozial gesteuerten Innovation oder die 15 Bausteine einer realistischen Utopie (die wir der Technik abpressen müssen) oder die 34 Hauptsätze der Organisation eines neuen historischen Blocks. Ich manage das alles. Wozu, weiß ich nicht. Ich bin Parteisekretär. Und deshalb sage ich: Wer diesen Flohzirkus (die Flöhe sind die anderen, ich bin der Zampano) zusammenhalten will, braucht ein sehr überzeugendes Projekt und verdammt gute Nerven. Das heißt: Ich bin verdammt gut für diese Aufgabe geeignet.

Ich wiederhole: Ich gehöre nicht zu denen, und ich sage: Wir müssen erstens die nachdenklichen Minderheiten des fungierenden Kapitals, die technischen und disponierenden Eliten (Ich!) und bestimmte Teile der mittelständischen Wirtschaft in die Linke hineinziehen – auch gegen deren Interessen. Das heißt zweitens, daß ich manchmal den Eindruck habe, daß meine Wunschvorstellung von meiner Parteimanagerrolle mein politisches Denken geradezu konditioniert.

Als kleiner Egerländer einer großen linken Volkspartei sage ich also – und

ich gehöre nicht zu denen (und auch nicht zu denen): Eine antagonistische Kooperation, ein historischer Kompromiß, also eine Große Koalition gibt mir die nötige Disponibilität, in einer hochtechnisierten Gesellschaft immer einen vollen Terminkalender und jede Menge Aufträge des Wolf Jobst Siedler-Verlages zu haben. Prof. Brinkmann stimmte mir und meinen 36 Thesen sofort zu, nachdem ich ihm versicherte, daß seine Arzthonorare durch mein Programm für eine neue europäische Linke nicht beschnitten würden.
Sieht das die KPI ebenso?

Mit solidarischen Grüßen
Peter Glotz

HEINER GEISSLER SCHILDERT SEINEM KANZLER, WIE ES KAM, DASS ER ZUSAMMENBRACH

Lieber Helmut,

hoffentlich hast Du Dich beim Anblick des Absenders nicht allzusehr erschrocken – »Klinik« liest sich immer gleich so dramatisch! Gar so schlecht steht es um mich zum Glück gar nicht; dies hat mir der ungemein gewissenhafte Professor Brinkmann mehrfach versichert. Körperlich bin ich sogar in recht gutem Zustand – nach der Sommerpause werden mir alle ohne weiteres glauben, daß ich einen ganz normalen Urlaub hinter mir habe. Du kannst also ganz beruhigt rein. Wirklich. Es sind nur die Nerven.
Du weißt ja um meine Empfindsamkeit und hast mich auch meist entsprechend zu nehmen gewußt, wenn ich Dich auch von gelegentlichen, kleinen Gefühllosigkeiten nicht ganz freisprechen kann. Bitte – ich will damit nicht sagen, daß *Du* mich hierhergebracht hast! Du bist nur nicht ganz unschuldig daran. Schließlich profitierst Du noch am meisten davon, daß ich mich für unsere Sache derart aufopfere.
Jawohl, aufopfere! Glaubst Du, es fällt mir leicht, mich den Medien immer wieder als Monster zu präsentieren? Als radikalen Volksverhetzer und Unhold schlechthin? Das fällt mir überhaupt nicht leicht! Im Gegenteil, es zehrt an meiner Seele! Es zerrt an meinen Nerven! Es macht mich fertig!
Du weißt schließlich genau, daß ich von Haus aus eher ein guter Kerl bin – gar nicht mal in moralischer Hinsicht; mehr in bezug auf mein diplomatisches Geschick. Ich bin halt geradeheraus. Fast linkisch eigentlich.
Ja, ja, da magst Du ruhig ungläubig lachen, aber das ist und bleibt nun mal meine ursprüngliche Natur! Ich bin treuherzig.

Von Erich Virch

Heiner Geißler: »Niemand traut mir über den Weg«

Mir ist nur auch klar, daß ein Politiker mit einem derartigen Image bei den Wählern niemals was werden kann. Ich meine – die Leute wissen doch ganz genau, daß Offenheit und Redlichkeit auf der politischen Bühne keine Chance haben! Daß wir ein schmutziges Geschäft betreiben, ist sprichwörtlich, und es wäre weiß Gott nicht nötig gewesen, zur Bestätigung all die Spenden- und Bestechungsgeschichten ans Licht zu ziehen! Jede Bundestagsdebatte bringt genug scheinheilige Parolen und Verleumdungen und Taschenspielertricks.

Ein Politiker, der da nicht mithalten kann, steht vor den Wählern doch als unfähig da oder zumindest als grüner Junge (ausgerechnet!).

Deshalb und *nur* deshalb habe ich mir damals die Haare wachsen lassen (Deine Bemerkungen darüber haben mich sehr, sehr geschmerzt!); ich habe sie wachsen lassen, obwohl es gar nicht mehr so viele sind, und dann habe ich sie so in die Stirn gekämmt, um irgendwie verschlagen auszusehen.

Dann habe ich angefangen, auf Journalistenfragen stets mit Zitaten aus alten Schulaufsätzen zu antworten; das war ein sehr guter Zug, denn das macht Franz Josef auch, und den halten alle für einen ausgekochten Hund.

Und schließlich habe ich mit dem Aufbau meines Verleumder-Images begonnen. Die Grundidee dabei war, die anderen einfach immer als Nazis hinzustellen. Natürlich hätte ich sie lieber Kommunisten geschimpft, aber die Verleumdungen mußten unbedingt so abwegig und blöd sein, daß sie auch der letzte Depp noch als solche erkennen konnte! Das hab ich im Prinzip auch wirklich gut hingekriegt. Ist mir eigentlich nicht mal schwergefallen. Na, und inzwischen hab ich es tatsächlich geschafft, daß mir kein Mensch mehr auch nur ein Wort glaubt! Alle sehen in mir einen falschen Fünfziger, der mit allen Tricks und krummen Touren seine Interessen durchsetzt; niemand traut mir über den Weg – kurz: Man hält mich allgemein für einen besonders fähigen Volksvertreter.

Ein schöner Erfolg, wie? Schon, schon. Aber jede Medaille hat eben zwei Seiten, und die Rückseite ... na, ich kann Dir sagen! Mein Privatleben ist zur Hölle geworden!
Stell Dir vor: Beim Kaufmann an der Kasse krieg ich jedesmal die Taschen umgedreht (peinlich!), im Theater will niemand neben mir sitzen, meine Gäste daheim weigern sich, ihre Mäntel an der Garderobe unbeobachtet zu lassen, und selbst meine engsten Angehörigen vermeiden es, mir den Rücken zuzuwenden! Ein unerträglicher Zustand! Das hält kein Mensch aus!
Na, als sich neulich unser Hund auf einmal sträubte, ein Stückchen Brot von mir zu nehmen, war es schließlich soweit: Ich brach zusammen und kam erst in der Schwarzwaldklinik wieder zu mir.
Du kannst Dir denken, mein Lieber ... oh! Ich fürchte, ich muß schließen – ich höre Professor Brinkmann kommen!
Kann sein, daß er nur die Handtücher durchzählen will; vielleicht sucht er aber auch seinen Füller!

Also machs gut
und sei gegrüßt von Deinem treuen
Heiner

Christiaan Barnard erhält ein lukratives Angebot

Herrn Professor
Christiaan Barnard
Kapstadt/Südafrika
Jan-Smith-Street 123

Verehrter Herr Kollege,

ich freue mich, Ihnen mitteilen zu können, daß in Kürze in unserem Hause die Stelle des Leiters der Kardiologischen Abteilung vakant wird. Wir sind uns hier schon seit langem einig, daß keiner mehr in Frage käme denn Sie, die Nachfolge eines Vorgängers anzutreten, der uns auf eigenen Wunsch verläßt.
Wir garantieren Ihnen: erstklassige Publicity durch ständige Medienpräsenz und höchste Einschaltquoten, ein Betriebsklima frei von Rassenunruhen, willige Krankenschwestern auf Model-Standard sowie eine Station mit modernster technischer Ausstattung und der großartigen Chance, die erste

Von Thomas C. Breuer

Herzverpflanzung im Landkreis Breisgau-Hochschwarzwald durchzuführen. Außerdem verfügen wir über gute bis sehr gute Verkehrsverbindungen nach Offenburg (Burda-Verlag) und Zürich (Banken).
Wir sind sicher, daß wir uns mit Ihrem derzeitigen Arbeitgeber einigen könnten, da wir in der glücklichen Lage sind, hohe Ablösesummen zu zahlen.
Wir erwarten Ihre Antwort mit Spannung. Prospekte und Pressestimmen anbei.

Mit vorzüglicher Hochachtung
Ihr Kollege

RUDI VÖLLER SCHREIBT SEINEM TRAINER REHAGEL, WIE BÖS ES UM IHN STEHT

Lieber Otto,

jetzt hänge ich hier schon über sechs Wochen in der dämlichen Schwarzwaldklinik herum. Fußball kenne ich nur noch vom Fernsehen. Und zähneknirschend denke ich an die WM in Mexiko. Ich werde wohl kaum dabeisein.
Ich könnte den Neuberger in den Arsch treten: »Es wirft ein schlechtes Licht auf den deutschen Fußball, wenn der Mittelstürmer der Nationalelf mit einem zu kurzen Bein bei der Weltmeisterschaft antritt.« Trainer, Du hast das damals auch für einen ausgemachten Blödsinn gehalten. Aber was hat es genützt? Jetzt bin ich hier. Neuberger und Professor Klümper waren davon überzeugt, daß nur Professor Brinkmann mir helfen könne. Und was hab ich jetzt davon?
Ich hab mich schon gewundert, als der Sohn des Professors – er ist auch Arzt hier an der Klinik – nach der Operation mit mir spazierengegangen ist. Immer hat er es so eingerichtet, daß ich auf den Wanderwegen mit mei-

Von Werner Geifrig

nem verlängerten Bein auf der abschüssigen Seite des Weges gehen mußte. Ich habe mir zuerst nichts dabei gedacht. Aber jetzt weiß ich, was los ist: Mein Bein ist mindestens zwei Zentimeter zu lang geworden.
Eigentlich hätte ich schon wissen müssen, was Sache ist, als der Lackaffe von Arzt, der Sohn vom Professor, sich mir gegenüber als der größte Fußballexperte aufspielte. Er gab mir den Rat, mehr über den rechten Flügel zu gehen. Das würde dem Spiel der deutschen Nationalmannschaft neue Impulse verleihen und so.
Dann bauten sie vor der Klinik eine Torwand für mich auf und ließen ein kaltes Buffet für die Dorfprominenz und eine Blaskapelle fürs Fußvolk auffahren. Torwandschießen für die Aktion Sorgenkind. Bei meinem ersten Versuch trat ich so tief in den Rasen, daß die Fetzen flogen und mir klar wurde: Rudi, die haben dir dein Bein zu lang gemacht, die Wichser.
Ja, Trainer, so sieht's aus: Mein zu kurzes Bein, mit dem ich immerhin eine Menge Tore geschossen habe, ist nun zu lang geworden, und ich trete Löcher in den Rasen. Das ist Neubergers hochgepriesene Schwarzwaldklinik, die er zur Stammklinik der Nationalelf erheben will. Sind wir nicht so schon genug Invaliden?
Du siehst daran, lieber Otto, daß ich kein Vertrauen mehr in die ärztliche Kunst von Professor Brinkmann setze. Was soll ich tun? Mich bei Nacht und Nebel humpelnd aus dem Staube machen?
Gib mir bitte einen Rat, Trainer. Das nächste Torwandschießen kommt bestimmt. Mit Neuberger und Beckenbauer. Dann wird die Schande offenbar. Aber ist es eine Schande für den Deutschen Rudi Völler? Ist es eine Schande für den deutschen Fußball? Oder ist es eine Schande für die deutsche Medizin? Ich fürchte, letztlich bleibt alles an mir hängen, und schon steh ich im Abseits.

Gruß

Dein Rudi

Rudi Völler: »... könnte dem Neuberger in den Arsch treten«

Lieber, verehrter Rudolf,

des Weswolfs Frau hat's mir erzählt:
Ein Knie geht nachts hier um
im Klinikum, im Klinikum,
nichts als eine Knie, dem rundherum
so ziemlich alles fehlt.
Begleitet von des Rehleins Zeh
und fünfzig hohlen Schädels
floh es aus hiesigem OP
und sitzt des Nachts,
des Mitternachts,
auf Brinkmanns Kanapee
und schäkert mit den Mädels.
Hinzu kommt ein einsames Hemmed,
das flattert flattertata.
Die's trug, ist jüngst erst verdämmet,
flatter flatterta flattertata.
Die Leiche liegt noch im Keller,
die andern liegen im Grab,
im Schwarzwald wird es schon heller,
da fallen die Nadeln ab.

Aber Du fragtest mich in Deinem letzten Brief vonwegen Architektur und dergleichen. Nun, mein lieber, verehrter Freund, die ist in der Tat eine gar seltsame Sache.

Glaub mir, Verehrter, es stimmt:
Das Haus hier ist voller Gas,
die Vorderwand leicht gekrümmt
aus schmalzbestrichenem Glas.
Und wie es mit der Gesundheit steht?
Naja, ich huste, ich spucke. Es geht.

Mein Müsli krieg ich jede Woch
fein bräunlich, schleimig süß.
Abszessor Brinkmanns Schleimbrei-Koch
wünscht, daß ich es genieß.
Ich schenk es Korf, der ist so nett
und gibt es dem Nasó
bēm schenkt es Schwester Gruselett.

Von Jens Hagen

»... die immerhier und immerdar so glockenhellisch lacht«

Die schüttet es ins Klo.
Der Brinkelmeier ist darob
aufs Heimlichste erbost,
er schleimt gen West und schäumt gen Ost.
Ach, wär er doch ein Flop.
Ach, hätt ich meinen Lattenzaun.
Ich bäte ihn, hindurchzuschaun,
und würd ihn mit den Latten – nein,
der Anblick wäre häßlich und gemein:
die schönen Latten an dem Kopf
von diesem Tropf.
An dem hängt mancher hierzuland,
das hat sogar Frau Korf erkannt,
die ja bekanntlich, teils als Geist,
die Kittel der Dottores weißt,
bis es sie übermannt.

Ein Vogel trillert Chi-rur-gie
dort draußen in der Tanne,
Udo die Abspannmelodie,
und zwar auf Schwester Anne.
Herrjeh, es ist schon kurz nach acht.
Der Zwölfelf sagt uns gute Nacht.
Gleich wird das Bett gemacht
von Schwester Gerhild-Angela,
die immerhier und immerda
so glockenhellisch lacht.
Die Schwestern hier sind überdies
keimfrei. Ich mag sie gern.
So hust ich Dir denn viele Grüß

Dein Christian Morgenstern

RAINER MARIA RILKE WIDMET SEINER FREUNDIN LOU EIN GEDICHT

Von Dieter Bromund

Liebe Lou,

wer jetzt hier liegt, wird lange liegen, wird wachen, lesen, lange Briefe schreiben. Und dann und wann auch ein Gedicht. Lou: Es ist Zeit. Befiehl dem Setzer, dies zu tun:

Der Doktor
In der Clinique, Schwarzwald

Sein Blick ist vom Vorüberschwenk der Linsen
So müd geworden, daß er nichts mehr hält.
Ihm ist, als ob es tausend Linsen gäbe
Und hinter diesen Linsen keine Welt.

Der weiche Druck geschmeidig starker Schnitte,
den diese Kamera fürs Fernsehen dreht,
steht immer wieder in des Abends Mitte,
in dem beglückt ein ganzes Volk vergeht.

Nur manchmal schiebt der Vorhang der Pupille
Sich lautlos auf –. Dann geht ein Bild hinein.
Er denkt an Gagen und wird stille
Und hört im Herzen auf zu sein.

Verhalte dich wie Übermaß und Menge und hoffe nicht,
noch Neues zu empfangen.
Staune nur noch, daß wir dies ertragen:
dies schwankende, gewaltige Genüge.

Dein Rainer Maria Rilke

Nachschrift:
Wie soll ich meine Seele halten?

Clinique-Patient Rilke

Von Werner Koczwara

HELMUT KOHL BERICHTET SEINER FRAU, WIE IHN EINMAL EHRFURCHT ÜBERKAM

Hannelore, mein liebes Weib!

Seit fast drei Wochen bin ich nun schon hier, und so gibt es allerlei zu berichten. Ereignisse, die mich nachdenklich stimmen, Äußerungen, die mich beunruhigen, aber auch Erlebnisse, die mich ermutigen, hoffnungsvoll stimmen. Von einem solchen Erlebnis soll heute und hier die Rede sein.

Allerdings, und dies gestehe ich ganz offen, muß ich einmal sagen, daß mich vor jenem schönen Erlebnis vieles hier beunruhigt hat. Ja, es gab sogar Momente des Pessimismus und des Zweifels, ob es tatsächlich richtig war hierherzukommen. »Vor Ort« ist vieles eben doch ganz anders, als wir vom Fernsehen her Anlaß hatten zu mutmaßen.

Da ist, dies nur als Beispiel, zum Beispiel der Umgangston. Der nämlich ist bisweilen ganz und gar nicht medizinisch, ja manchmal sogar ganz und gar unmedizinisch. Fast den ganzen Tag über vernehme ich den Ruf »Klappe!« — ein, wie mir scheint, unmißverständlicher Beleg, daß hier die Respektsverhältnisse zwischen Personal und Patienten offensichtlich dem moralischen Verfall preisgegeben sind.

Doch damit nicht genug! Auch im Operationssaal wird geschrien. »Schnitt«, schallt es oft stundenlang heraus, »Schnitt!« — was mag dort drinnen vor sich gehen? Erhält am Ende einer seine verdiente Strafe? Etwa einer aus dem Heer der Simulanten — schamlose Individuen allesamt! Ich weiß nicht, wieviel dieser sogenannten Patienten mir gegenüber zugaben, und dies mit Engelsmiene und ohne erkennbare Anzeichen von Reue, sie würden hier, ich zitiere wörtlich, »Kranke spielen«. Da frage noch einer nach Warum und Wieso bei der Kostenexplosion im Gesundheitswesen, meine Dame!

Liebe Hannelore, mein Weib, schon aus diesen wenigen Sätzen kannst Du ermessen, wie Deinem Bundeskanzler bisweilen zumute war, ja, gewesen sein muß. Wenn es überhaupt etwas gab, das ihm (in unserem Fall also: ich; mir, sozusagen) die Kraft gab durchzuhalten, den Mut nicht zu verlieren, so war dies jenes denkwürdige Erlebnis, welches ja den eigentlichen Anlaß dieses Schreibens bildet.

Es war an dem Tag, als ich zufällig durch die Schwingtüren des OP-Saales blickte. Auf dem Operationstisch lag mutig eine deutsche Frau, der — gewisse Äußerungen deuteten darauf hin (»Soso, mal wieder der Blinddarm«, »Aha, der Blinddarm«, »Der Blinddarm bleibt nicht drin«, »Der Frau auf dem OP-Tisch soll heute der Blinddarm entnommen werden«, »Schnitt«, »Klappe!«) — der Blinddarm entnommen werden sollte, glaube ich.

Nun, so weit, so gut, wirst Du vielleicht denken. Aber weit gefehlt, unwissende Hannelore. Denn in jenem justen Moment, als Professor Brinkmann sich anschickte, das Skalpell anzusetzen, kamen zwei grobschlächtige Gesellen mit einem reglosen, offensichtlich stark verletzten Tier in den Saal geeilt. Ich (der deutsche Bundeskanzler), der ich (also: er) in Sachen veterinärmedizinischer Diagnose ja leidlich unerfahren bin, erblickte in dem bemitleidenswerten Tier lediglich eine gut abgehangene Schweinehälfte. Nicht so Professor Brinkmann! Er (also nicht: ich), den Ernst der Stunde sofort nicht verkennend, entschloß sich, den Kampf gegen das Unmögliche aufzunehmen. Es war ein aussichtsloser Fall zwar, aber gerade in solch aussichtslos scheinenden Fällen gibt sich der von tiefer medizinischer Ethik durchdrungene Chirurg zu erkennen.

Ich weiß nicht, wie lange der Kampf um das Leben des Tieres währte, aber am Ende war es der unerbittliche Sensenmann, der als triumphierender Sieger von dannen schlich.

Und erst, als das Tier schweigend hinausgetragen worden war, durfte sich die Frau wieder auf den Tisch legen, aber Prof. Brinkmann war nun freilich zu erschöpft, um jetzt nochmals zu operieren.

Muß ich Dir erzählen, wie jemand – und kein Geringerer war es als der deutsche Bundeskanzler! – dort am Türspalt stand? Wie den Regierungschef Ehrfurcht überkam vor einem Arzt, der ein verletztes Tier in höchster Not dem höchstwahrscheinlich privatversicherten Blinddarm vorzog?

Ich bin mir sicher: Du weißt, was jenen prominenten Mann am Türspalt in diesen Minuten bewegte. Und sicherlich kannst Du nun auch diese meine große Zuversicht teilen.

Hier bin ich in den richtigen Händen!

Dein mit Dir verheirateter Bundeskanzler
Dr. Helmut Kohl

PS:
Wenn Du mich besuchen kommst, bring die Super-8-Kamera mit. Man darf hier überall filmen.

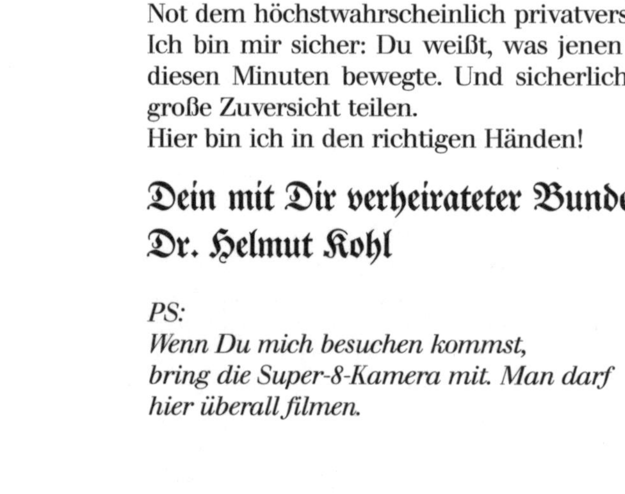

Justizvollzugsanstalt Schwarzwaldklinik
Name des Häftlings: Friedrich Zimmermann
Datum: 23. Juni 1996

An:
Amnesty International
Generalsekretariat
London

Betrifft: Folter

Sehr geehrte Damen und Herren!

Ich war – wie Sie sicherlich Ihren Unterlagen entnehmen können – von 1982 bis 1988 Innenminister der Bundesrepublik Deutschland. Nach der Machtübernahme durch den grünroten Block wurde ich 1991 nach einem zweijährigen Schauprozeß zu einer Haftstrafe von zwanzig Jahren verurteilt. In Ihren Akten müßte sich noch die Petition befinden, die ich zusammen mit meinen Mitangeklagten, dem ehemaligen hessischen Wirtschaftsminister Ulrich Steger (SPD), dem früheren Staatssekretär im hessischen Innenministerium Andreas von Schoeler (SPD), meinem Amtsvorgänger Gerhart Baum (FDP) und dem CDU-Bundestagsabgeordneten Alexander Warrikoff, gegen unsere Verurteilung als einer »kriminellen Vereinigung« bei Ihrer von mir stets hochgeschätzten Organisation vorgelegt habe.
Obwohl es sich bei uns nachweislich um Angehörige aller damals staatstragenden Parteien handelte, hat sich Amnesty zu meinem großen Bedauern seinerzeit für unzuständig erklärt, weil wir – das war Ihre Auffassung – nicht in einem politischen Verfahren, sondern in einem »normalen Kriminal-Prozeß« verurteilt worden seien. Daß ich diese Ihre Meinung nicht teilen kann, werden Sie verstehen. Die von mir nie bestrittenen Unzulänglichkeiten bei der Genehmigung der Alkem-Brennelementfertigungsanlage in Hanau hielten sich innerhalb des Ermessensspielraums, in dem sich seinerzeit alle politischen Handelnden guten Gewissens bewegen konnten. Insofern betrachte ich auch heute noch trotz des Vorhandenseins rein formaler gesetzlicher Bestimmungen unsere Verurteilung als einen Verstoß gegen den bewährten rechtsstaatlichen Grundsatz der nulla poena sine lege.
Strafbar im eigentlichen Sinne hatte sich nach unserer gemeinsamen Auffassung seinerzeit nur der Pilot gemacht, der beim Drehen in der Warteschleife des Frankfurter Flughafens so unvorsichtig war, daß seine Maschine

Von Otto Köhler

auf die darunterliegende Alkem-Anlage abstürzte und die bekannte Katastrophe auslöste, der nicht nur weite Teile Hessens, sondern bedauerlicherweise auch der nordwestliche Teil meiner bayerischen Heimat zum Opfer fielen.

Ich erwähne dies alles nicht, um Sie nach so vielen Jahren in dem Standpunkt umzustimmen, den Sie damals eingenommen haben. Ich habe mich auch damit abgefunden, daß ich unter den im Jahre 1991 Verurteilten der einzige bin, der wegen einer angeblichen Unfähigkeit zur Resozialisierung bisher nicht begnadigt wurde — das habe ich nicht anders erwartet. Ich schreibe und appelliere an Sie wegen eines Vorgangs, der voll in den eigentlichen Aufgabenbereich von Amnesty International fällt.

Bei der Niederschrift meiner Erinnerungen, die unter dem Titel »Ich stelle mich — die volle Wahrheit über das Alkem-Unglück« im Fleißner-Holtzbrinck-Verlag erscheinen werden, trat eine schreibbedingte Unterzuckerung meines Blutes auf. Der Gefängnisarzt in der Justizvollzugsanstalt Stuttgart Stammheim veranlaßte deshalb meine Verschubung in eine Kranken-Vollzugsanstalt. Als ich heute morgen nach mehrstündigem nächtlichen Transport aus dem großen, aber vergitterten Fenster schaute, erblickte ich bis zum Horizont hin eine gebirgige Wüstenlandschaft und unter mir einen

Häftling Zimmermann: ». . . eine schreibbedingte Unterzuckerung«

halbausgetrockneten See, über den sich giftige Schwaden erhoben. Kein Baum, kein Strauch, nirgendwo lebendiges Grün, kein Vogelzwitschern in der Luft, nur der durchdringende Gestank vom See her. Ich verlangte, den Leiter der Anstalt zu sprechen. Zehn Minuten später stolperte er in meine Zelle. Er war alt und grau geworden, aber ich erkannte ihn sofort: Professor Brinkmann!

»Tja, Zimmermännchen«, kicherte er mit einer seltsam meckernden Stimme, »erst stirbt der Wald, dann stirbt der Mensch.« Er machte eine Pause, die linke Hand hatte er hinter dem Rücken versteckt. »Der Schwarzwald ist tot, Zimmermännchen. Das ist Ihr Werk, prost. Jetzt sind Sie dran.« Und er zog hinter seinem Rücken eine Flasche Cognac hervor.

Ich weiß natürlich, was es bedeutet, wenn Professor Brinkmann in der Schwarzwaldklinik – dorthin hatten sie mich verschubt – an einem Krankenlager mit einer Flasche Cognac auftaucht. Doch die Todesstrafe ist in unserem Land abgeschafft. Mit ihr zu drohen ist psychische Folter. Und mich aus meiner von der Umwelt wohlisolierten Zelle in Stammheim mitten in den Schwarzwald zu verlegen, das ist physische Folter. Während meiner Ministerzeit in Bonn war meine Umweltpolitik ein voller Erfolg, wir hatten das sogenannte Waldsterben voll im Griff. Daß der Schwarzwald seit 1989 trotzdem tot ist, muß auf umweltbedingte Ursachen zurückgeführt werden – mit meiner erfolgreichen Amtsführung hat das nichts, aber auch gar nichts zu tun.

Ich habe selbstverständlich meine sofortige Rückverlegung aus der Schwarzwaldklinik nach Stuttgart-Stammheim gefordert. Professor Brinkmann weigert sich. Ich trete deshalb mit sofortiger Wirkung in Hungerstreik. Wenn Amnesty International nicht unverzüglich eingreift, werde ich die Schwarzwaldklinik lebend nicht mehr verlassen.

Mit vorzüglicher Hochachtung
gez. Friedrich Zimmermann
Bundesminister a. D.

Folter im Krankenbau der Vollzugsanstalt?

An den
Süddeutschen Rundfunk
Redaktion »Verstehen Sie Spaß?«
Postfach 837
7000 Stuttgart 1

Schwarzwaldklinik, 10.3.86

Von Werner Koczwara und Freimut Wössner

Lieber Kurt Felix,

ich bin nicht mehr so sicher, ob unsere Idee, mit versteckten Kameras in die Schwarzwaldklinik zu gehen, so gut war, wie wir anfangs dachten.
Plangemäß schlich ich mich letzten Donnerstag, frühmorgens gegen sechs Uhr, als Patient getarnt, in die Klinik ein. Noch ein letzter verstohlener Blick in die versteckte Kamera, dann noch ein eiliges, verstecktes Checking von Blende, Belichtung und Auto-Fokus, noch ein rasches Überprüfen der Tiefenschärfe und ein verstecktes Winken in Richtung Versteck – dann war es auch schon 9 Uhr 45.
Mit dem Mut des keck Entschlossenen betrat ich Professor Brinkmanns Frühstücksraum – die Operation »Schwarzwaldklinik« konnte beginnen, »Verstehen Sie Spaß«, eins, die Erste.

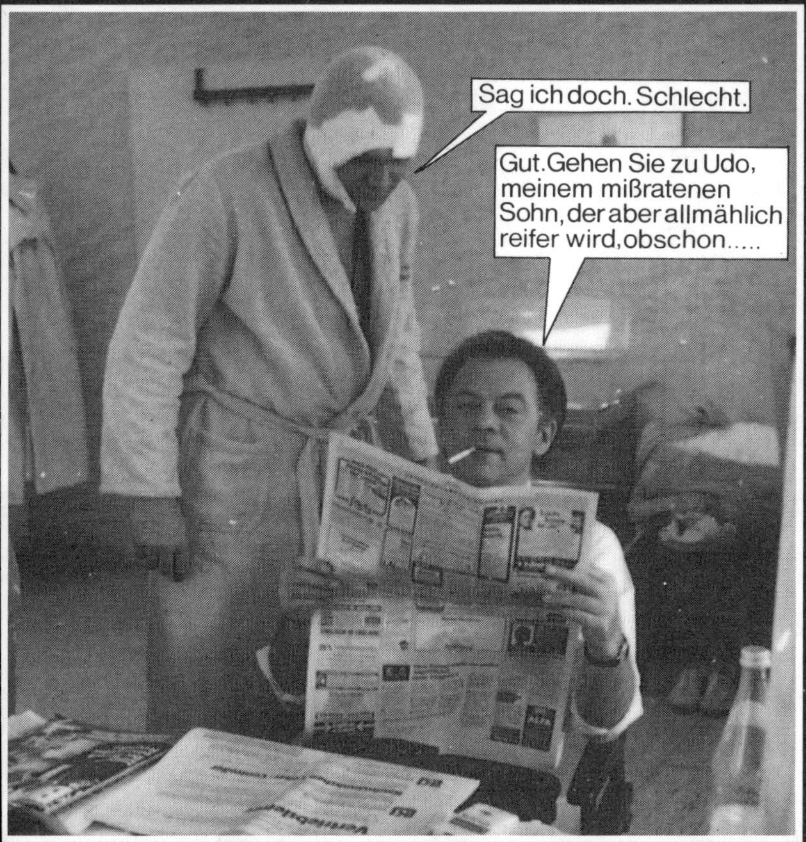

Aber da war ich bereits bei Dr. Udo Brinkmann angelangt. Würde er in die Falle gehen? Oder gar rennen? Oder vielleicht nur toll-patschig hineinstolpern?

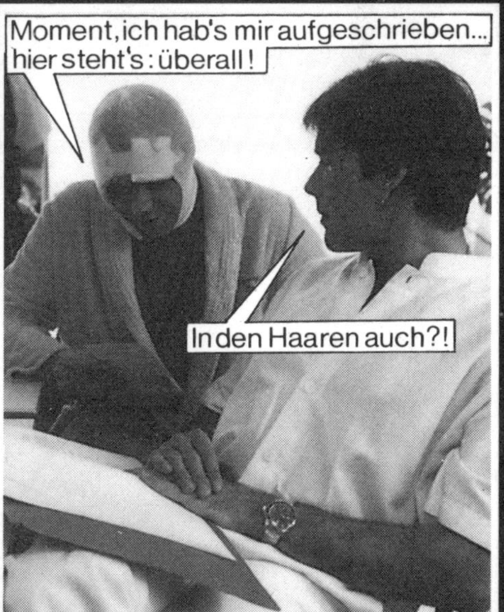

Ja! Dr. Udo Brinkmann fiel prompt in die ausgehobene Grube und zappelte im Netz, kaum daß ich unsere Angel ausgeworfen hatte. Jetzt galt es, den Sack zuzumachen:

In seiner Stimme, von der manche behaupten, sie habe etwas Lauerndes, lag etwas Lauerndes.

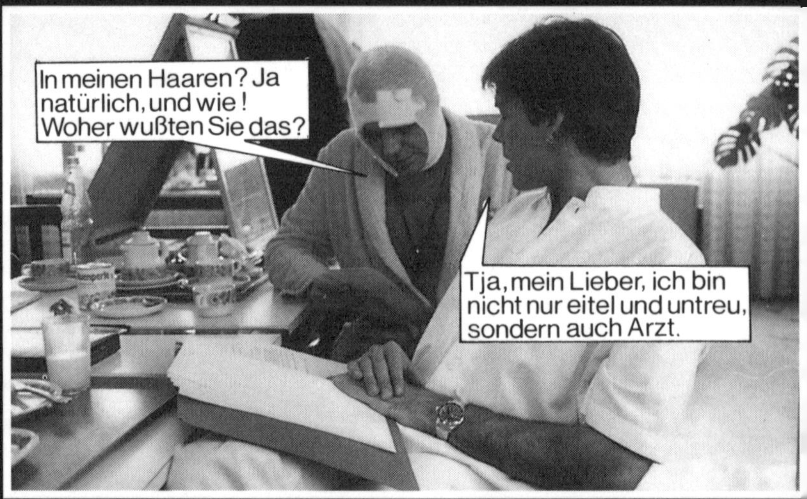

Alles lief wie geplant. Unwiderruflich steuerte das Geschehen auf jenen Höhepunkt zu, an dem ich unsere Mitspieler aufklären würde. Eine Stunde später war es soweit:

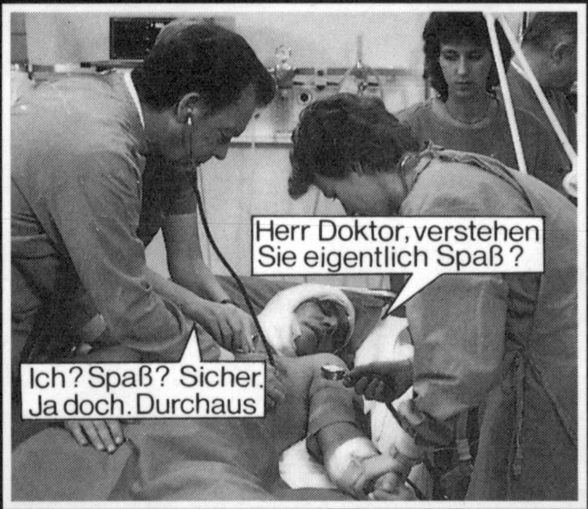

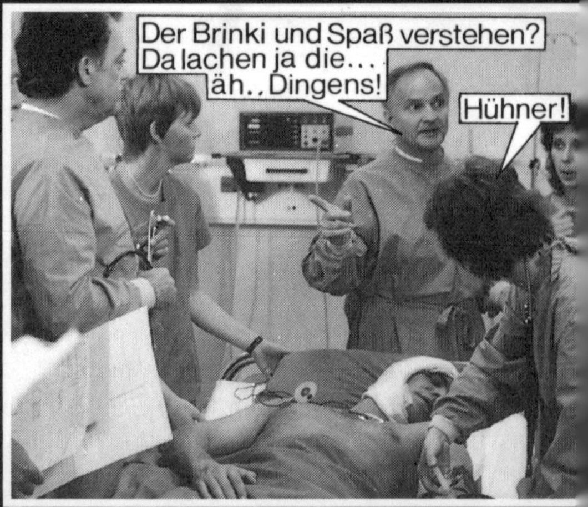

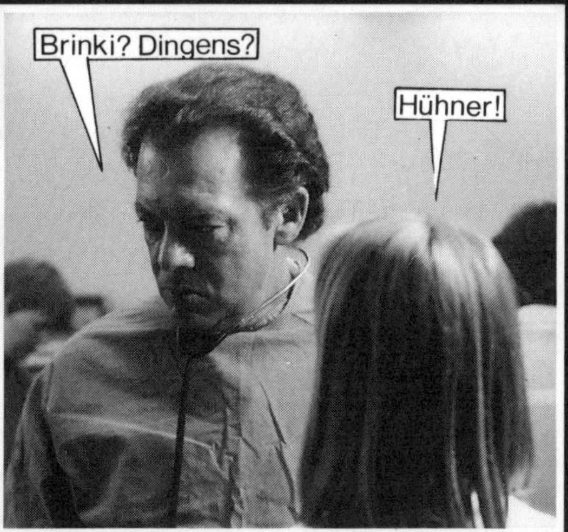
Brinki? Dingens?
Hühner!

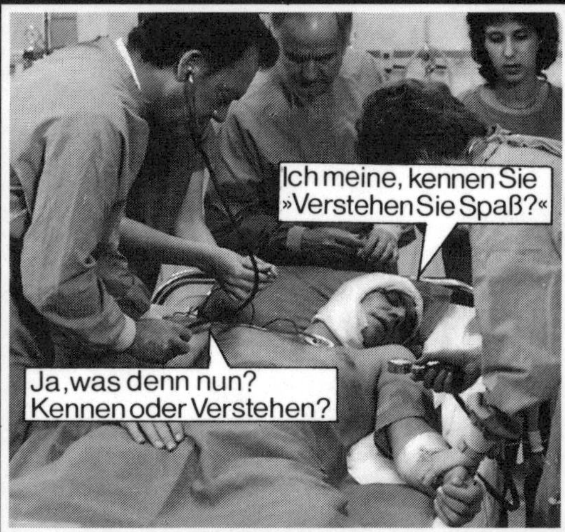
Ich meine, kennen Sie »Verstehen Sie Spaß?«
Ja, was denn nun? Kennen oder Verstehen?

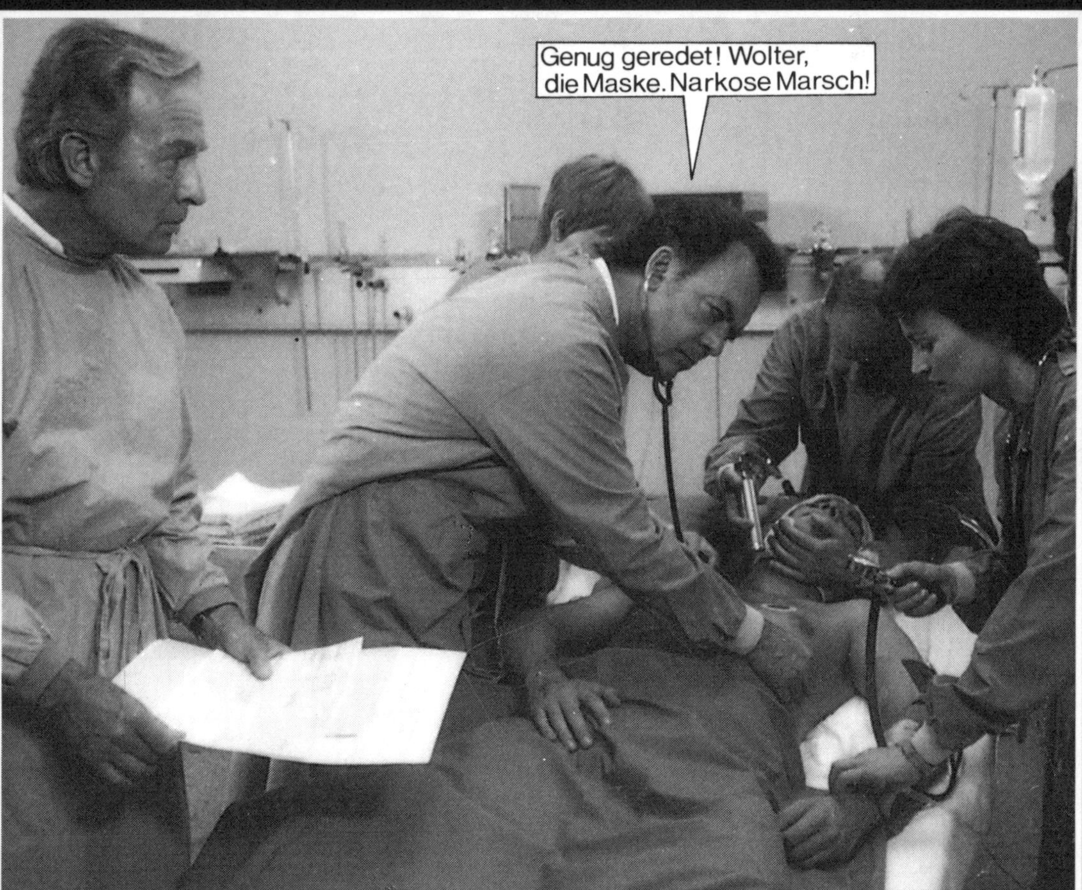
Genug geredet! Wolter, die Maske. Narkose Marsch!

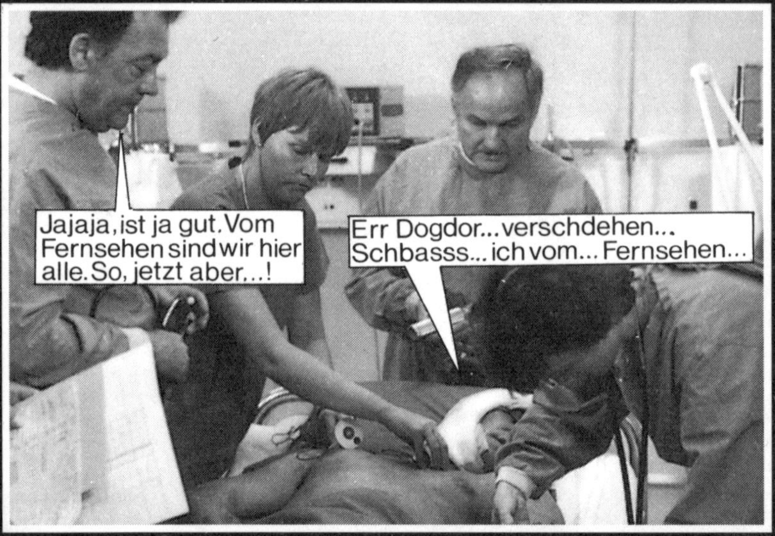

Das letzte, was ich wie durch einen Schleier vernahm, war ein merkwürdig anmutendes Gespräch am OP-Tisch:

Der unerfreuliche Rest der Geschichte ist rasch erzählt. Denn als ich am nächsten Tag zu mir kam:…

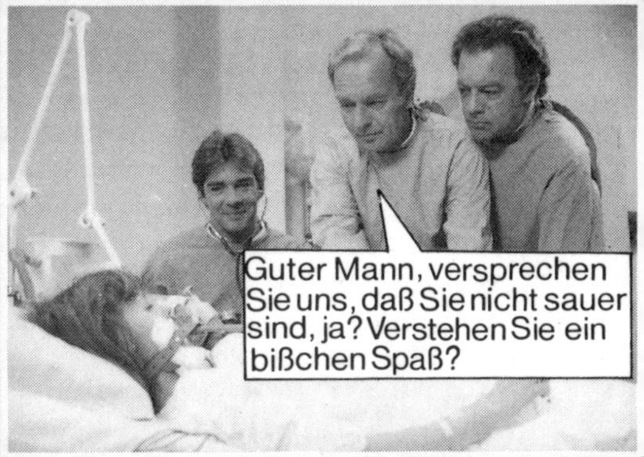

Tja, so weit meine Erlebnisse. Natürlich, das Gelächter war groß, als ich den Leuten erzählte, wem sie da auf den Leim gegangen waren und wo die Kamera versteckt gewesen war.

Und doch… Mehr möchte ich fürs erste nicht zu den Ereignissen sagen. Nur dies noch: Mir ist schlecht. Speiübel praktisch.

PS: Besonders in den Haaren.

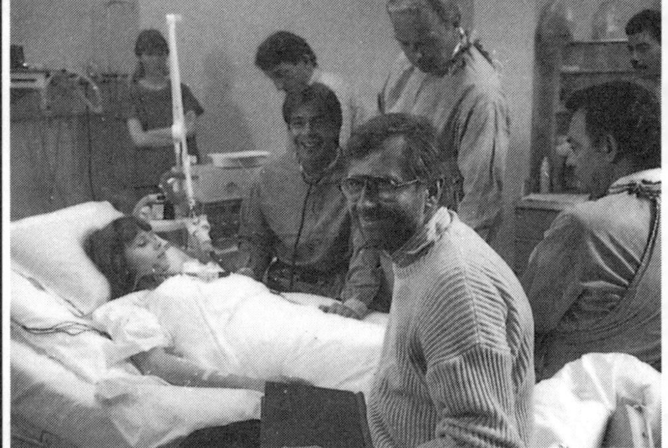

Lieber Kollege Simmel,

nun lebe ich schon ein Vierteljahr hier und mache, wie mir Prof. Brinkmann persönlich versicherte, gute Fortschritte. Mit beinahe 20 üblen Symptomen wurde ich in die Klinik eingeliefert, aber in eiserner Therapie bei Frau Dr. Brinkmann fiel eines nach dem anderen von mir ab. Sie wissen ja, daß der Luchterhand Verlag in Darmstadt/Neuwied, der sich auf die Veröffentlichung medizinischer Fallstudien spezialisiert hat, meine gesammelten schriftlichen Äußerungen in mehreren Bänden der medizinischen Fachwelt zugänglich machte. Mich schaudert es heute, welche geballte Ladung an Symptomen auf jeder Seite zu entdecken ist.
Wie Sie, mein lieber Freund, litt auch ich zunächst unter heftigem Stottern. Ich zitiere aus meiner Äußerung »auf dem land«:

```
rininininininininDer
brüllüllüllüllüllüllüllüllEN
schweineineineineineineinE
grunununununununununZEN...
```

und so geht das endlos weiter. Ich kann es heute nicht mehr sehen. Frau Dr. Brinkmann gelang es, diese Störung innerhalb einer Woche zu beheben. Peinlich war auch immer wieder, daß ich während des Redens in die dritte Person fiel und in dieser von mir sprach. Es gibt dafür auch schriftliche Beweise. Ich wollte aus der Klinik weg, wurde aber gerade noch rechtzeitig von Frau Schubert daran gehindert. Später erzählte man mir, daß ich gleichsam opernhaft also gesprochen hätte:

```
"er telefonierte bereits
in zwei minuten
werde das taxi am tor sein."
```

Und zurückgebracht aufs Zimmer, rief ich:

```
"nebenan entkleide er sich und putze die zähne
er nehme eine tablette und trinke nach
er begebe sich unter die decke und rücke sie zurecht."
```

Von Alfons Schweiggert

Irrsinnig, was? Ich konnte mich am nächsten Tag nicht mehr daran erinnern. Auch diese Störung tritt heute kaum mehr auf.
Besonders peinlich war es mir, ständig die Richtungen zu verwechseln: Auch hierfür gibt es von mir eine schriftliche Aufzeichnung, die lautet:

```
manche meinen
lechts und rinks
kann man nicht
verwechsern.
werch ein illtum!
```

An dieser Problematik war sicher meine nervliche Zerrüttung schuld.
Zusätzlich fühlte ich mehrmals einen Sprechzwang, beispielsweise, als ich einmal in einer Illustrierten über Amerika etwas las, mußte ich hernach sprechend und schreibend von mir geben:

```
"niagaaaaaaaaaaaaaaaa
                    ra felle
niagaaaaaaaaaaaaaaaa
                    ra felle"
```

Zur gleichen Zeit stellten sich auch plötzlich Hörschwierigkeiten ein. Einmal überreichte ich Herrn Dr. Schäfer, als er mit mir sprach, einen Zettel, auf dem stand:

lauter lauter lauter lauter lauter lauter leise leute

Dr. Schäfer schaute mich lange an und ging dann mit dem Zettel aus dem Sprechzimmer.
Er kam mit dem Klinik-Geistlichen zurück. Bei dessen Anblick offenbarte sich eine weitere Störung. Ich konnte plötzlich manche Worte nicht mehr zu Ende sprechen:

```
"wenn die rett
es wird bal
übermor
bis die atombo
ja herr pfa"
```

Nun wurde Dr. Eduard Sager zu Rate gezogen.
Man fragte mich, ob mir das recht sei.
Ich sagte: »Natürlich, . . .

```
nur nur
nur nur
nur nur
nur nur
nur nur
nur nur
nur nur ..."
```

Wie sich aus dem Protokoll ergab, konnte sich Frau Dr. Brinkmann 42, ja, mein lieber Simmel, 42 Zeilen »nur nur« notieren. Da man mich nicht weiter verschüchtern und das neue Symptom der Wortwiederholungen nicht stabilisieren wollte, wurde Dr. Sager wieder nach Hause geschickt.
Aber dennoch blieb mir etwas zurück. Was ich Ihnen schreibe, sind keine Übertreibungen, mein lieber Kollege, das können Sie in meiner Fallstudie »Sprechblasen«, erschienen im Reclam Verlag, nachlesen.
Dieser Verlag druckte die Aufzeichnungen des Prof. Brinkmann und seiner Kollegen bezüglich meiner Person ab.
Relativ schnell war meine Farbenblindheit geheilt. Heute sehe ich keine grünen Kühe, gelben Hunde und roten Säue mehr.

Hingegen ist nach Aussage von Frau Dr. Brinkmann das Verwechseln und Lallen von Buchstaben noch nicht ganz behoben. Am 23. 9. 85 notierte sie zum Beispiel eine Auffälligkeit.
Als sie mir erzählte, daß ein Psychologe zugezogen werden solle, echote ich:

"psssnt
es pssniest
ein psnychologe"

Dr. Brinkmann tröstete mich immer wieder, daß alles eben nicht so schnell zu heilen sei, wie ich mir das vielleicht vorstellen würde.
So therapierte man halt weiterhin an meinen Problemen herum, wie dem der richtigen Aussprache von Wörtern. Als Frau Doktor einmal über mein langsames Vorwärtskommen ganz verzweifelt war, rief ich ihr zu:

```
   loch
   loch doch
so loch doch
so loch doch schon
so loch doch
   loch doch
   loch

üch loch müch kronk
```

So lustig aber war das gar nicht, denn Frau Doktor legte meinen Fall tags darauf nieder und übergab ihn ihrem Mann, als ein Gespräch mit mir derart scheiterte:

```
blaablaablaablaa
blaablaablaa
blaablaablaablaa
blaablaablaa
bäbb
bäbb
bäbbäb
bäbbäbäb
bäbäbb
bäbb
```

Frau Dr. Brinkmann rief: »Jetzt ist aber endlich Schluß, Sie Trottel, Sie dämlicher. Heile Welt hin, Schwarzwaldklinik her, ich mach den Zirkus nicht mehr mit!«
Im selben Augenblick betrat Prof. Brinkmann das Zimmer.
»Liebling«, sprach er sanft, »ich glaube, du brauchst Urlaub, fahr doch für ein paar Tage weg. Flieg nach Denver oder Dallas und mach dir eine schöne Woche.«
Und zu mir gewandt, meinte er: »Herr Jandl, nehmen Sie die Worte meiner Frau nicht übel, sie ist auch nur ein Mensch, wie jeder Arzt.«
Da passierte es. Zum erstenmal traten dysgrammatische Probleme auf, als ich Herrn Prof. Brinkmann entgegnete:

```
"manchen einen der nie haben denken studieren medizinen
später in leben seien wollen ein arzten, damit haben
zuentritten zu denen diverseren medizinen, den fröherlich
machenen psikkofarmaken, auch den des schlafenen machenen
barberturatten, und von denen dann haben ein dosen letaligen
für nämlich den selber sich wegputzen aus denen schmutzenen
augen vom beschissenen welt. aber nicht bevor haben haben
allen spaßen nur möglichen mit opiaten wie morfiummen."
```

Daraufhin machte Prof. Brinkmann etwas Ungewöhnliches. Er ging zum Bücherregal und holte etwa 15 Bücher auf den Schreibtisch. Eines nach dem anderen drückte er mir in die Hand. Sie trugen Titel wie »Hosi und Anna«, »Laut und Luise«, »Sprechblasen«, »der künstliche baum«, »dingfest«, »serienfuß«, »der versteckte hirte«, »Die bearbeitung der mütze«, »der gelbe hund«.

Prof. Brinkmann sagte: »Mein lieber Jandl, hier in diesen Büchern sind alle Ihre sprachlichen Eigenheiten und Schwierigkeiten aufgezeichnet. Wir taten das in der Absicht, Ihren hochinteressanten medizinischen Fall allen interessierten Spezialisten zugänglich zu machen. Nun aber, mein verehrter Jandl, hat Sie die Literaturkritik entdeckt, und . . .«
An dieser Stelle machte Prof. Brinkmann eine lange Pause.
Dann fuhr er fort: » . . . und jüngst wurde Ihnen der Österreichische Staatspreis für Ihre sprachlichen Probleme zuerkannt.«
Ich war starr vor erschrecktem Entzücken. Ich fragte nach einer langen Pause der Rührung: »Herr Doktor, sagen Sie mir eines. Haben den schon viele Verrückte erhalten?« »Wen?« stutzte Prof. Brinkmann. »Na, den Österreichischen Staatspreis?« betonte ich. Der Arzt zuckte mit den Schultern und meinte: »Einige zweifellos.«
Nun, den Rest kennen Sie, mein lieber Simmel. Auf Grund des Preises genoß ich als Stipendiat Ihre Schulung »Wie werde ich ein erfolgreicher Schriftsteller?«. Sie, mein verehrter Freund, brachten mir, wie Sie wissen, anschließend erst das Schreiben bei und natürlich Prof. Brinkmann, der ja selbst ein feinsinniger Lyriker ist.
Was sind gegen mein früheres Gestammel meine heutigen Verse?! Vergleichen Sie selbst, mein Bester. Schrieb ich einstmals folgende Zeilen:

```
1944    1945
krieg   krieg
krieg   krieg
krieg   krieg
krieg   krieg
krieg   mai
krieg
krieg
krieg
krieg
krieg
krieg
krieg
```

so vermag ich heute den gleichen Sachverhalt viel poetischer zu formulieren:

```
Es geht alles vorüber

Der Krieg, der stampfte durch das Land,
hat Häuser, Menschen, Vieh verbrannt.
Es floß viel Blut, es war viel hin,
gar trüb war mancher Menschen Sinn.

Da kam mit Sonnenschein der Mai,
der böse Krieg war nun vorbei.
Die Menschen konnten wieder lachen
und schöne neue Häuser machen.

O Krieg, vorbei ist deine Macht,
doch hast du Frieden uns gebracht!
```

Auf meinen neuesten Gedichtband »Die Welt ist gar nicht mal so schlecht« kamen tolle Reaktionen. Sogar lukrative Werbetexte sollte ich machen. Sie wissen, lieber Simmel, daß ich mich hierin auch schon früher versucht habe. Zwei davon zur Erinnerung:

PHALLUS
klebt allus

den glanz der impotenz
ein hartes herz, dazu
ein paar humanic-schuhe

Und dann diesen, gut bezahlt.
Ganz so geht es natürlich nicht, wie ich inzwischen weiß. Sehen Sie sich die Werbesendungen im Fernsehen an. Ich bin mir sicher, daß Sie meine neuen Werbetexte sofort herauskennen. Ich fertigte sie für ein bekanntes Waschmittel und für die Windeln einer der größten Firmen.
Warum ich Ihnen, lieber Johannes Mario, aber vor allem schreibe, ist die Tatsache, daß ich soeben einen 622 Seiten starken Roman fertiggestellt habe. Er trägt den Titel »Die Insel unterm Regenbogen« und beschäftigt sich inhaltlich mit Prof. Dr. Brinkmann und seiner beliebten Schwarzwaldklinik. Geschätzter Kollege, würden Sie beim Knaur Verlag diesbezüglich ein Wort für mich einlegen? Ich glaube, mein Werk wird ein Bestseller.

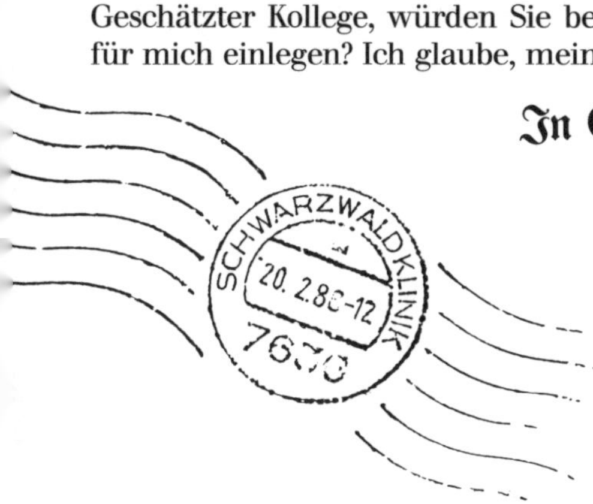

In Erwartung Ihrer guten Nachricht
bleibe ich immer
Ihr
Ernst Jandl
(Österreichischer Staatspreisträger)

Von Pepsch Gottscheber

An die Schwarzwaldklinik!

Sehr geehrter Herr Dr. Brinkmann!
Ich will mich wieder gern von Ihnen operieren lassen und mich in Ihre bewährten Hände legen, wenn ich wieder arge Leibschmerzen habe. Doch fühle ich mich ~~zur Zeit~~ ganz gut. Darüber möchte ich Sie nicht im unklaren lassen.

Mit höflicher Empfehlung
Georg Still

Von Dieter Huthmacher

Liebe Leserinnen und Leser der Bild-Zeitung!

Es ist soweit — ich habe erste Eindrücke gesammelt und kann beginnen zu berichten. Meine neuesten Erkenntnisse über die Schulmedizin sind erschütternd, und zwar besonders deshalb, weil sie an einer allgemein anerkannten Musterklinik gewonnen wurden; verheerende Zustände, wohin das Auge schweift, statt Genesung Verwesung, von Gesundheit nur kümmerliche Reste. Und wie sind sie bedroht!

Durch Erschlaffung der Brust, Bettnässen, Krebs, Hämorrhoiden und vieles mehr. Aber was tut die Apparatemedizin? Das kalte Auge des seelenlosen Wissenschaftspriesters bohrt sich blind vorbei an der psychosomatischen Ganzheitlichkeit der Kreatur. Unmenschliche Chromstahl- und Elektronikfolter als Henkersmahlzeit hilflos ausgelieferter Opfer einer brutalen Computertherapie, sterile Technomanie als legale Kunstfehlerschule approbierter Kissenschergen bzw. Kassenschurken! Scharfrichter im Dienste pharmakologischer Profitmaximierung, Heilung auf Schein — und dann scheinheilig! So ist es doch: Da taumelt der Patient wie besoffen von Nebenwirkung zu Nebenwirkung, und die Herren Doktoren wetzen noch ihre Beutelschneider! Schneiden tut weh, nicht wahr, und trotzdem wird noch immer so getan, als ob es nie eine Taigawurzel gegeben hätte oder einen Schmelzkäsewickel. Oder Knoblauchtinktur im Bierhefebembel!

Oder Weinessig gegen Schlaganfälle, Jod-S-11-Körnchen und eine schöne Quarkpackung. Die meisten Menschen tun ja nicht so gerne Molke auf den Kopf, da nimmt man halt Stutenmilch. Mit Honig. Der erste Schritt nach jedem Beinbruch sollte stets eine Irisdiagnose sein. (Sehr bewährt auch bei unreiner Haut und Krebs.)

Von Erich Virch

Manfred Köhnlechner: »Nutzen Sie unbedingt die Alpha-Schwingungen!«

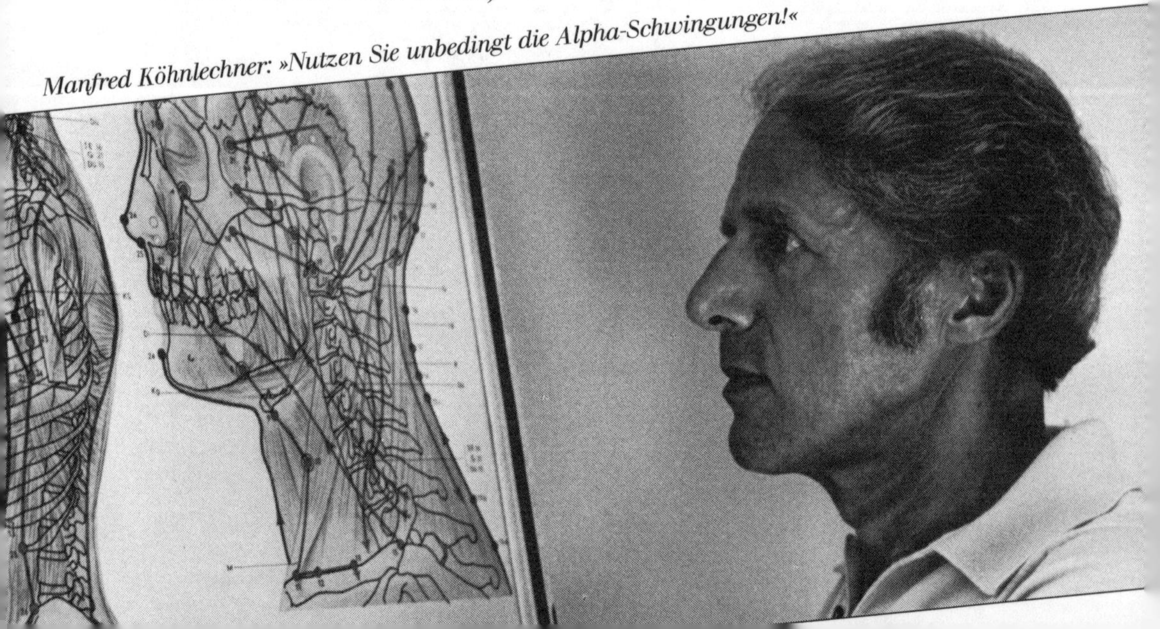

Nutzen Sie unbedingt die Alphaschwingungen Ihres Gehirns, wenn sonst nichts geht, und Ohrkerzen zur energetischen Vitalisierung.
Gegen Leberzirrhose ist Bärlappkraut sehr bewährt, gegen Asthma empfehle ich Tomaten, Schlangengurken und feingewiegte Petersilie, und zwar rektal. (Auch sehr gut gegen Haarausfall und Krebs.)
Vorsicht bei Fremdzelleninjektionen: Froschzellen wandern im Körper unverzüglich zum Frosch.
Lassen Sie mich auf die Gynäkologen und ihre frauenverachtenden Manipulationen gar nicht erst eingehen; nur soviel: Joghurt, Joghurt, Joghurt! Noch besser als Joghurt ist Zaziki; gut sind auch Lammkoteletts vom Grill, aber die essen Sie mal lieber.
Wichtig bei radioaktiver Strahlung (Atomkrieg): ein ordentlicher Vorrat an Brennesselsaft. (Brennesselsaft ist auch sehr zu empfehlen bei Blähungen und Krebs.)
Tja, das war's für heute aus der Warzwurzklinik.

Viel Glück in homöopathischen Hosen
wünscht Ihnen Ihr
Dr. Manfred Köhnlechner

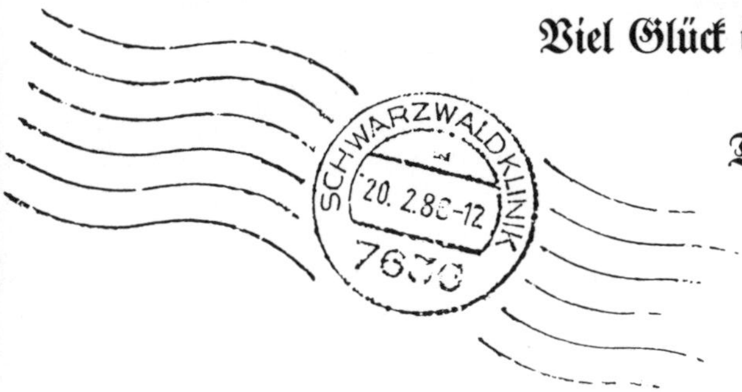

Heinrich von Kleist berichtet seiner Verlobten von einem Kerl, der seinesgleichen sucht

Fräulein
Wilhelmine Zenge, Berlin

Meine teure Freundin,

Deine Bestimmung oder überhaupt die Bestimmung des Weibes ist wohl unzweifelhaft und unverkennbar, diese Anekdote aus dem letzten Schwarzwaldtale zu hören:
In einem im Schwarzwald liegenden Dorf, erzählte mir, auf einer Reise nach Frankfurt, der Gastwirt, daß sich mehrere Stunden nach Ende der Arbeiten, um die Zeit, da dies Dorf und das Spital schon ganz von der Truppe des Fernsehens verlassen und von Besuchern, die es für besetzt gehalten,

Von Dieter Bromund

umringt gewesen wäre, ein einzelner deutscher Doktor darin gezeigt hätte; und versicherte mir, daß wenn alle Ärzte und Schwestern, die in dieser Serie mitgefochten, so tapfer gewesen wären, wie dieser, die Besucher hätten vertrieben werden müssen, wären sie auch noch dreimal stärker gewesen, als sie in der Tat waren.

Dieser Doktor, sprach der Wirt, stand, ganz mit Blut bespritzt, vor meinem Gasthof, und rief: »Herr Wirt!« und da ich frage: was gibt's? »ein Glas Wein!« antwortet er, indem er sein Messer in die Tasche wirft: »mich dürstet.« Gott im Himmel! sag ich: will er machen, Freund, daß er wegkömmt? Die Besucher sind ja dicht vor dem Spital! »Ei, was!« spricht er, indem er den Mundschutz ablegt. »Ich habe den ganzen Tag nichts genossen!«

Nun er ist, glaub ich, vom Satan besessen —! He! Liese! rief ich, und schaff ihm eine Flasche Ruländer herbei, und sage: da! und will ihm die ganze Flasche in die Hand drücken, damit er nur gehe. »Ach, was!« spricht er, indem er die Flasche wegstößt: »wo soll ich mit dem Quark hin?« Und: »schenk er ein!« spricht er, indem er sich den Schweiß von der Stirn abtrocknet: »denn ich habe keine Zeit!« Nun er ist ein Kind des Todes, sag ich. Da! sag ich, und schenk ihm ein; da! Trink er und geh er! Wohl mag's ihm bekommen.

»Noch eins!« spricht der Kerl; während die Besucher schon von allen Seiten ins Dorf strömen. Ich sage: »noch eins? Plagt ihn —!« »Noch eines!« spricht er, und streckt mir das Glas hin — »Und gut gemessen«, spricht er, indem er sich das Kinn wischt und sich schneuzt: »denn es wird bar bezahlt!« Ei, mein Seel, so wollt ich doch, daß ihn —! Da! sag ich, und schenk ihm noch, wie er verlangt, ein zweites, und schenk ihm, da er getrunken, noch ein drittes ein, und frage: ist er nun zufrieden? »Ach!« — schüttelt sich der Kerl. »Der Wein ist gut! — Na!« spricht er, und zupft am Mundschutz: »was bin ich schuldig?«

Nichts! nichts! versetz ich. Pack er sich, ins Teufelsnamen; die Besucher ziehen augenblicklich ins Dorf! »Na!« sagt er, indem er in seine Tasche greift: »so soll's ihm Gott lohnen« und holt, aus der Tasche, eine Zigarette hervor, und spricht: »schaff er mir Feuer!« Feuer? sag ich: plagt ihn —? »Feuer, ja!« spricht er: »denn ich will mir eine Zigarette anmachen.«

Ei, den Kerl reiten Legionen —! He, Liese, rief ich das Mädchen! und während der Kerl an der Zigarette lutscht, schafft das Mensch ihm Feuer. »Na!« sagt der Kerl, die Zigarette, die er sich angeschmaucht, im Maul: »nun sollen die Besucher die Schwerenot kriegen!« Und damit wendet er sich um und zieht das Messer aus der Tasche.

Ein Mordskerl! sag ich; ein verfluchter, verwetterter Galgenstrick! Will er sich in des Henkers Namen scheren, wo er hingehört? Drei Besucher — sieht er nicht? halten ja schon vor dem Tor? »Ei was!« spricht er, indem er

ausspuckt; und faßt die drei Besucher blitzend ins Auge. »Wenn ihrer zehen wären, ich fürcht mich nicht.«
Und in dem Augenblick laufen auch die drei Besucher schon auf den Hof. »Bassa Manelka!« ruft der Kerl, gibt sich einen Ruck und rennt auf sie ein; rennt, so wahr Gott lebt, auf sie ein, und greift sie, als ob er das ganze Spitalpersonal hinter sich hätte, an; dergestalt, daß, da die Besucher, ungewiß, ob nicht noch mehr Ärzte und Schwestern im Dorf sein mögen, einen Augenblick, wider ihre Gewohnheit, stutzen, er, mein Seel, ehe man noch eine Hand umkehrt, alle drei vom Platze haut, an mir vorbeirennt, und: »Bassa Teremtetem!« ruft, und: »sieht er wohl, Herr Wirt?« und »Adies!« und »auf Wiedersehen!« und: »hoho! hoho! hoho!« — — So einen Kerl, sprach der Wirt, habe ich zeit meines Lebens nicht gesehen.

Adies.
Dein Heini

Heinrich von Kleist: »Ein Mordskerl! sag ich«

Lieber Peter Boenisch,

anbei wie besprochen der 4. Teil der Serie »Hackethal – übernehmen Sie!«. – Nachdem ich am 12. Januar 1986 blitzartig erkannt hatte, daß der Mensch aus lauter Zellbürgern besteht, wahrscheinlich allesamt Zellweiber, Mikro-Menschlein mit allen Organen im Nano-Format, sind mir entscheidende Schläge gegen die Terroristin Krebszelle gelungen. In dieser Folge schildere ich Ihren Lesern eine Operation, die ich unter Assistenz von Dr. Brinkmann ausführte. Da der Kollege sich erwartungsgemäß linkisch anstellte, schlage ich als Titel vor: »Wie ich Dr. Brinkmann Mores lehrte«. Hier nun der Text:

»Legen Sie die Antikrebs-Sinfonie auf!« befahl ich schroff. Ich spürte, wie Dr. Brinkmann zusammenzuckte. »Ich ... « Die Stimme des Arztes klang erschrocken. »Ich soll ...«, sein Blick wanderte zum Fenster. Draußen vor der Schwarzwaldklinik lag Schnee. Der Wind heulte.
»Es ist die einzige Möglichkeit, das Leben dieses krebskranken Patienten zu retten.«
»Aber, aber ...«, stammelte Dr. Brinkmann.
»Tun Sie, was ich Ihnen anordne«, herrschte ich den erblassenden Mann an. »Haben Sie ein Messer, ein chirurgisches Messer, ein Skalpell?«
»Ja, das ist hier.«
»Mit ihm werden wir die Terroristin aus dem Milliardenstaat von braven Zellbürgern entfernen. Die Krebszelle, dieses junge wilde Weib, wir werden ihr zeigen, wo es lang geht!«
Dr. Brinkmann nickte zweifelnd.
»Sind Klemmen da – kleine, schmale, zangenförmige Instrumente?«
Ratlos sah sich Dr. Brinkmann im Operationssaal um, und wieder einmal spürte ich, daß meine Warnungen, auf keinen Fall zu fremden Ärzten zu gehen, völlig berechtigt waren. »Nadel und Zwirn?« Ich wartete die Antwort nicht ab. »Wissen Sie, was Ampullen sind? Wir müssen spritzen, um die Sexualhormone zu blockieren. Die Terroristin ist wild auf Sexualhormone. Ein sündiges Naschkätzchen.«
Leise erklang der zweite Satz meiner Antikrebs-Sinfonie, eine sehnsuchtsvolle Melodie in Moll.
»Ist Verbandszeug da? Tupfer?«
»Es steht ›Vorsicht, steril!‹ darauf.« Dr. Brinkmanns Stimme klang ehrfürchtig.
»Gummihandschuhe?«
Wir sahen uns in die Augen. Brinkmann hielt meinem Blick nicht stand

Von Christoph Treutwein

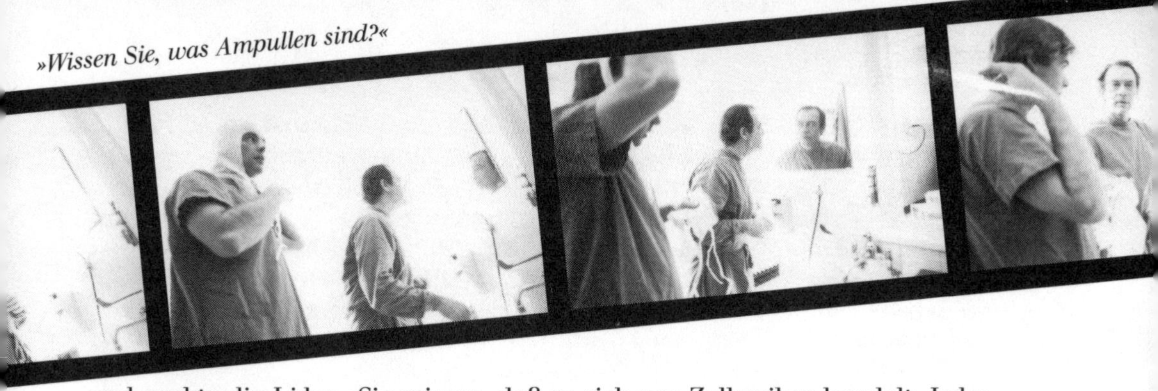

»Wissen Sie, was Ampullen sind?«

und senkte die Lider. »Sie wissen, daß es sich um Zellweiber handelt. Jedes Zellweib, das im Mikroformat ähnliche Organe hat wie der Mensch, gehört einer Rasse an, je nachdem, ob sie eine Drüse, einen Magen oder das Hirn mitbilden soll.«

Ich goß die Jodtinktur über den Leib des Patienten, verrieb sie mit einem Wattebausch, bis die Haut goldgelb leuchtete.

»Das Drüsenweib«, erklärte ich dabei, »ist üppig und voller Leidenschaft. Unstet, exzentrisch und oft kapriziös. Viele sind Pfarrerstöchter und so dem Terrorismus aufgeschlossen. Lange Beine, schmale Fesseln, große Brüste, ein ausgeprägtes Gesäß. Sie werden es unter dem Mikroskop sehen, wenn wir sie festgenommen haben.«

Ich zog die Ampulle mit dem Sexhormon-Blocker »Buserlin« auf, bis die Spritze bis an den Rand gefüllt war. Ich steckte eine Kanüle auf den Konus, drückte den Rest der Luft aus der Spritze. Staunend betrachtete Dr. Brinkmann meine geschickten Hände.

»Ich infiltriere nun die ganze Mittellinie des Bauches, das heißt, ich injiziere die Flüssigkeit nicht nur an einer Stelle, sondern verteile sie gleichmäßig unter die Haut und spritze auch ein bißchen in die darunterliegende Muskulatur.«

Der Patient zuckte kaum zusammen, als ich die Nadel in die Haut einstach. Dr. Brinkmann beobachtete mich ängstlich, während ich die Nadel nach allen Richtungen hin vorstieß und zurückzog, bis der letzte Tropfen eingespritzt war.

»Das Hirnweib«, fuhr ich währenddessen in meinem Vortrag fort, »ist zierlich und hochintelligent, es besitzt knabenhafte Hüften und kleine, spitze

»Staunend betrachtete Brinkmann meine geschickten Hände«

Brüste. Ihr eiskalter Verstand und ihr Mangel an Gefühl und Moral verführen sie zum Terrorismus. Es macht sie heiß, Gewalt anzuwenden, im Körperstaat den Umsturz zu planen, Unheil unter den harmlosen Zellbürgern zu säen. Staatszersetzung! Erpressung, Raubüberfälle, Entführungen, Anschläge! Und die Körperpolizei sieht hilflos dem ruchlosen Treiben dieses Weibes zu. Die körpereigene GSG 9, die weißen Blutkörperchen, schlecht ausgebildet mit zu wenig Befugnissen — sie sind machtlos.«

Am Puls der Halsschlagader Dr. Brinkmanns sah ich, wie rasch sein Herz klopfte. »So, Kollege Brinkmann«, lächelte ich. »Wollen Sie das Messer führen?« Brinkmann zuckte unmerklich zusammen; er nickte zaghaft.

»Sie entsinnen sich aus der Anatomie, daß in der Mitte des Bauches, genau in der Mittellinie, die zum Nabel geht, die beiden geraden Bauchmuskeln zusammengewachsen sind. Hier ist eine sehnige Platte. Sie müssen jetzt die Haut durchschneiden und versuchen, diese Platte zu finden. Ich werde inzwischen die zweite Seite meiner Antikrebs-Sinfonie auflegen.«

Dr. Brinkmanns Hände zitterten.

»Haben Sie keine Sorge«, beruhigte ich ihn. »Im Moment schläft die Terroristin. Es kann gar nichts passieren. Ich bin ja da, um Ihnen zu helfen. Nur nicht die Nerven verlieren. Sehen Sie uns als Sonderkommando der Terrorismusbekämpfung.«

»Ich will es versuchen.« Dr. Brinkmanns Stimme klang heiser.

»Dann schneiden Sie die Haut ein. Selbst wenn es etwas blutet, kann nichts passieren. Sie müssen sich nur genau an die Mittellinie halten.«

Dr. Brinkmann setzte die Schneide des Messers auf die Haut, führte sie nach unten zum Bauchnabel hin. Eine rote Linie erschien.

»Schneiden Sie weiter — bleiben Sie ganz ruhig«, rief ich gedämpft, während ich die Nadel auf die Platte setzte und der dritte Satz der Antikrebs-Sinfonie erklang — viel Blech und Gedonner.

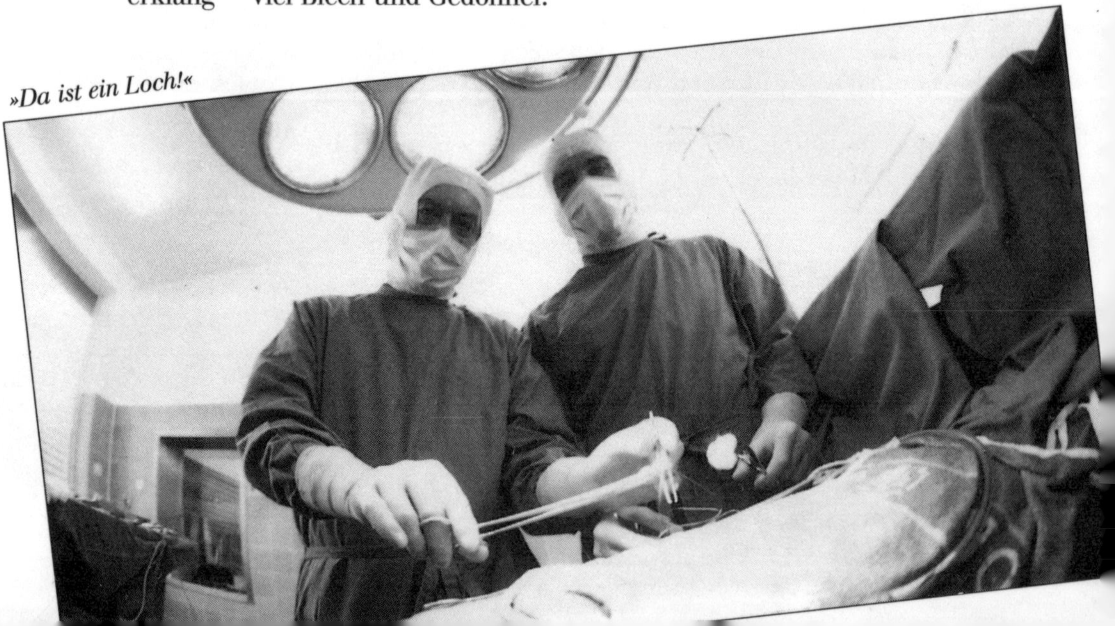

»Da ist ein Loch!«

»Und nun schneiden Sie Ihren rechten Finger ab!«

Dr. Brinkmann gehorchte wie unter einem Zwang. Ich trat neben ihn und spürte plötzlich etwas Heißes auf meiner Wange. Eine Blutfontäne war hochgespritzt und hatte meine Haut benäßt. Etwas von dem Blut geriet auf meine Lippen. Es schmeckte salzig.

»Das war ein Fluchtversuch!« entfuhr es mir entsetzt. »Sie ist aufgewacht. Verdammt!«

Dr. Brinkmann begann laut zu stöhnen und zu wimmern. Er bebte am ganzen Körper. »Nur die Ruhe bewahren!« schnauzte ich ihn an und schlug ihm rechts und links ins Gesicht, um ihn aus dem panischen Entsetzen zu befreien.

»Danke, Professor Hackethal«, erklang Dr. Brinkmanns Stimme aufschluchzend.

»Nehmen Sie eine von den Klemmen und lassen Sie die Schnauze in der durchtrennten Ader festbeißen.« Dr. Brinkmann gehorchte. Es gelang ihm gleich beim erstenmal, die Blutung zu stillen. Dieser Erfolg gab ihm Selbstvertrauen.

»Wir müssen Monika umzingeln«, erklärte ich. »Sie ist ein Magenweib. Ich kenne diese Sorte – sie sind hart und brutal, aber sie schlafen gerne sehr lange. Beim Frühstück lesen sie staatszersetzende Zeitschriften und schlagen sich den Magen voll mit Sexualhormonen! Heute wird sie sich wundern. Der Kühlschrank ist leer, haha! Monika, du Bestie in Zellgestalt, wir kriegen dich! Wir nehmen dich in den Polizeigriff und führen dich ab!«

Dr. Brinkmann schnitt millimeterweise in die Tiefe, bis plötzlich ein Loch klaffte. Erschrocken fuhr er zurück. »Da ist ein Loch!«

»Dann haben Sie die Bauchhöhle geöffnet. Es handelt sich um den berüchtigten Grenzübergang Nabel, der ins Staatswesen Magen führt. Zeigen Sie Ihren Ausweis, dann führen Sie zwei Finger in das Loch ein und heben die Bauchdecke in die Höhe. Führen Sie das Messer so, daß die Schneide genau zwischen den beiden Fingern liegt. Und nun schneiden Sie Ihren rechten Finger ab! Er dient als Köder. Monika wird ihn als Geisel zu nehmen versuchen. Wir werden den Finger verfolgen und so ihr Versteck finden!«

Dr. Brinkmann schluckte, doch er tat, was ich anordnete.

»Vermeiden Sie es, Därme anzuschneiden. Durchtrennen Sie den Bauch in ganzer Ausdehnung. Je größer die Öffnung ist, desto leichter wird für uns die Operation Monika — Tod den Terroristen!«
»Tod den Terroristen!« erklang Dr. Brinkmanns Stimme; er wirkte selbstsicherer.
Doch dann fuhr er zusammen.

»Das ist ja entsetzlich...« Dr. Brinkmann starrte auf die Bauchhöhle, die jetzt geöffnet war. »Das kann doch nicht wahr sein...«
Ich folgte seinem Blick und sah Monika, mit einer Maschinenpistole bewaffnet, hinter einer Erbse verschwinden.
»In Deckung!« schrie ich. »Monika kennt keine Gnade!«
Und schon klang kaum hörbar zirpend die Stimme des Magenweibs: »Ich habe diese Erbse in meiner Gewalt und werde sie gnadenlos erschießen, wenn ihr nicht tut, was ich sage, ihr Bullenschweine!«
»Stelle deine Bedingungen«, rief ich und griff nach Dr. Brinkmanns Arm, als er mich kopfschüttelnd ansah.
»Das mache ich nur zum Schein«, flüsterte ich ihm zu.
»Im Austausch für diese Geisel fordere ich einen Kubikzentimeter Sexualhormon und eine halbe Stunde Zeit, während der Sendung ›Die Schwarzwaldklinik‹ der deutschen Bevölkerung klarzumachen, daß das repressive Magensystem in ihren Körpern inklusive Galle gestürzt werden muß!«
»Geben Sie uns Zeit!« rief ich. »Ich muß mit dem Bundeskanzler sprechen.«
»Denken Sie an die Erbse!« schrie Monika gellend.
»Wir werden, auch wenn es weh tut, die Erbse opfern müssen«, flüsterte ich Dr. Brinkmann zu. »Nachgeben wäre ein Triumph des internationalen Terrorismus. Was meinen Sie, wie schnell Hoden- oder Hirnterroristinnen ebenfalls lang schon ausgeheckte Umsturzpläne angehen würden, um Hoden und Hirn ins Chaos zu stürzen?«
Dr. Brinkmann nickte verstehend.
»Und was muß ich jetzt tun?« flüsterte er.
»Wir schlagen überraschend zu! Monika wiegt sich in Sicherheit. Fassen Sie vorsichtig in das Staatswesen hinein und holen das Organ, das Sie zu packen bekommen, nach vorne vor die Wunde.«
Dr. Brinkmann atmete schwer. Schweißtropfen traten auf seine Stirn.
Er faßte hinein, aber der Magen, den er schon zwischen den Fingern hielt, rutschte ihm wieder heraus. Die Oberfläche war zu glatt. »Gut gewählt, das Versteck«, dachte ich, und ich konnte Bewunderung für die Krebsterroristin

nicht unterdrücken. Wahrhaftig, hier hatte ich eine ebenbürtige Gegnerin gefunden!
»Ich wußte, daß man euch nicht trauen kann«, gellte Monikas Stimme. »Drecksäue, Schweine!«
Bedrückt sahen wir, wie die Magenterroristin die Erbse niedermetzelte.
»Der Magenstaat wird ihr dankbar sein. Sie hat sich verdient gemacht um Recht und Ordnung!« Meine Kehle war wie zugeschnürt und trocken. »Die Erbse wird in die Geschichte eingehen!«
Dr. Brinkmann und ich nickten uns zu.
Wir schüttelten uns die Hände.
»Wir werden sie kriegen, Brinkmann!« lächelte ich zuversichtlich. »Viel Glück!«
Dr. Brinkmann richtete sich auf. Menschliche Größe spiegelte sich in seinem Gesicht. Dann hob ich die Hand.
Blitzartig griffen wir in den Magen.
Ein Aufschrei.
Wir hatten sie. Der Magenstaat konnte aufatmen. Zellbürger versammelten sich jubelnd, griffen sich an den Händen und tanzten und sangen. Draußen vor der Schwarzwaldklinik teilten sich die Wolken. Die Abendsonne leuchtete blutrot auf.
»Danke, danke!« erklang es tausendfach. »Hoch leben Professor Hackethal und Dr. Brinkmann!«
Wir wandten uns ab und gingen bedächtig zum Mikroskop.
War es nicht selbstverständlich, das zu tun, was wir getan hatten? War es nicht unsere Pflicht, ein drohendes Afghanistan im Magen zu verhindern?
»Wir müssen Monika verhören«, murmelte ich, während ich das Magenweib unters Mikroskop legte.
»Faschistenschweine!« schrie die Krebsterroristin. Ich schüttelte den Kopf.
Was für ein Temperament, welch verschwendetes Talent! Wäre Monika nicht unter falschen Ausfluß gekommen, sie hätte als weißes Blutkörperchen, als Bazille oder als Scheidenflora ein nützliches Mitglied des Körperorganismus werden können. Ja, sie hätte Karriere gemacht, da war ich mir sicher. Karriere im Eierstock als befruchtetes Ei. Die Zukunft bewahren, wie es sein soll. Mein Gott, was für eine verrückte Welt!
Ich schob Dr. Brinkmann zum Mikroskop, und er drückte sein Auge aufs Okular. Eine Weile betrachtete er die Magenterroristin, die sich zähnefletschend wand. Dann sah er auf. Seine Augen hatten jeden Glanz verloren.
»Mein Gott«, stöhnte er gequält, »sie hat behaarte Waden!«
Ich legte ihm die Hand tröstend auf die Schulter. »Alle Zellweiber im Magenstaat haben behaarte Waden.«
Ende der 4. Folge

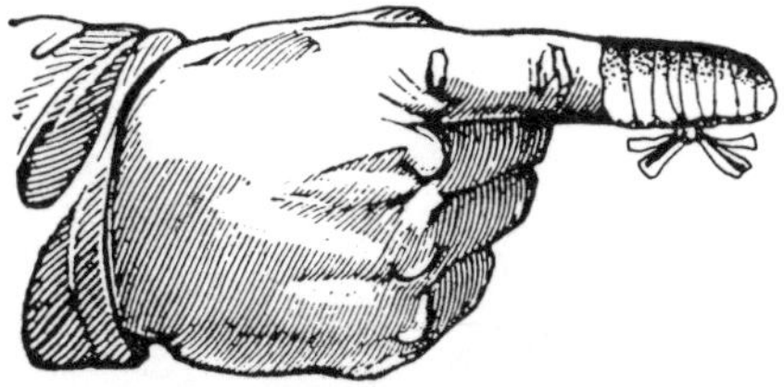

Serienautor Hackethal, »Bunte«-Chef Boenisch: »Alle Zellweiber haben behaarte Waden«

Nachtrag:
Lieber Peter Boenisch,
schrecklich, Dr. Brinkmann und ich haben während der Operation völlig vergessen, daß Sie verständlicherweise Fotomaterial haben wollen. Schade, aber leider hat uns unser Einsatz dermaßen in Anspruch genommen, daß keiner von uns daran dachte, den einen oder anderen Schnappschuß zu knipsen. Beim nächsten Mal!
Und schon bin ich bei der nächsten Folge unserer Serie: Wir haben einen Patienten, der an Zehenkrebs laboriert. Bis jetzt wissen wir nur, daß die Terroristin Gabi heißt, aber es ist das erste Zehenkrebsweibchen, dessen es in der Geschichte der medizinischen Terrorismusbekämpfung habhaft zu werden gilt.
Lassen Sie uns telefonieren.

Mit freundlichen Grüßen
Ihr Julius Hackethal

Götz George verlangt eine Gegendarstellung

An die
Chefredaktion der
BILD-Zeitung
Kaiser-Wilhelm-Straße 6
2000 Hamburg 36

Zu Ihrem sogenannten Artikel »Geht es abwärts mit Götz George?« sende ich Ihnen nach Absprache mit meinem Anwalt folgende Gegendarstellung zum sofortigen, kompletten Abdruck:

1) Unwahr ist, daß ich aufgrund von Potenzproblemen in der Schwarzwaldklinik bin. Wahr ist vielmehr, daß ich hier meine Potenz erhöhen will.
2) Unwahr ist auch, daß ich hier außerdem einen »Mama-Komplex« auskuriere (Zitat aus Ihrem Machwerk: »Ist der harte ›Schimi‹ in Wahrheit ganz weich?«). Wahr ist vielmehr, daß ich es als ausgesprochen *hart* empfinde, von Mutter getrennt zu sein.
3) Unwahr ist vor allem, daß ich schizophrene Anfälle habe, weil ich nicht mehr weiß, ob ich Schimanski oder George bin. Wahr ist vielmehr, daß Sie Schein und Wirklichkeit nicht auseinanderhalten können.

Von Albert Röhl

gez.
Götz Schimanski

Bin ich Schimi, oder doch?

Thomas Mann teilt seiner Frau Katia mit, dass er auf anregenden Stoff gestossen ist

Von Wolfram Eicke

Liebe Katia,

nun werde ich also doch noch länger hier in der Schwarzwaldklinik verbleiben – meine Gesundheit ist sehr angegriffen, und ich bestehe auf gründlicheren Untersuchungen. Der Chefarzt, ein Professor Brinkmann, hält mich befremdlicherweise für gesund; ich bin geneigt, seine ärztliche Kompetenz in Zweifel zu ziehen. Gestern schlich er nach der morgendlichen Visite verstohlen in mein Zimmer zurück, trat wie mit einem hastigen Sprung an mein Bett und stammelte eine unbeholfene Erklärung. Ich begriff bestürzt, daß er sich für einen Schriftstellerkollegen hält, und richtig, zog er auch schon ein Bündel eigener Gedichte hervor, die er mir in der ausdrücklichen Hoffnung anvertraute, ich möge meinen Einfluß geltend machen und sie dem S. Fischer Verlag zum Druck anempfehlen. Es sind dies Gedichte jämmerlicher Qualität; da ich aber als Patient auf des Professors Gunst angewiesen bin, halte ich mein Urteil zurück und quittierte sein Ansinnen mit unbestimmten Andeutungen, die ihn fürs erste beschwichtigen.

Vor einigen Tagen hat Brinkmann mich mit einem jungen todgeweihten Patienten bekannt gemacht, dessen Schicksal zunehmend meine Aufmerksamkeit fesselt, da es anregenden Stoff für eine Novelle bietet, an der ich zu arbeiten begonnen habe. Hans Castorp, so der Name des Jünglings, erfreute sich bester Gesundheit, als er vor einigen Jahren besuchsweise ins Sanatorium kam, um einen kranken Freund aufzuheitern. Die hiesige Atmosphäre übte eine so unwiderstehliche Attraktion auf ihn aus, daß er den Wunsch verspürte, selbst ein Krankenzimmer zu bewohnen. Infolge überreizter Einbildungskraft zeigte sein Körper tatsächlich nach kurzer Zeit Verfallserscheinungen, so daß er dringend ärztlicher Hilfe bedurfte. Der Freund ist längst genesen und entlassen, Castorps Zustand hingegen hat sich besorgniserregend verschlimmert. Ich werde das Buch über ihn »Die Schwarzwaldklinik« nennen.

Da ich, wie Du weißt, nur für eine kurze Routineuntersuchung hierher kam, nun aber schon seit fünf Wochen bettlägerig bin, ist es mir unmöglich, den Zeitpunkt meiner Entlassung zu bestimmen.

Herzlichst,
Dein Thomas

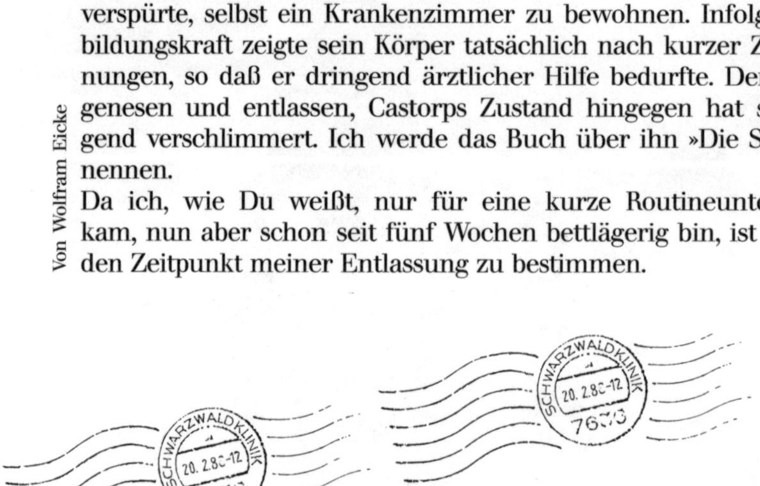

Die als Novelle konzipierte Buchidee entwickelte sich zu einem umfangreichen Romanwerk und erschien 1924 – allerdings nicht unter dem ursprünglichen Titel. Den hatte der Verlag in »Der Zauberberg« abgeändert, um juristische Auseinandersetzungen mit der Schwarzwaldklinik zu vermeiden.

Katia und Thomas Mann: »... quittiere sein Ansinnen mit unbestimmten Andeutungen«

Gedichte aus der Feder von Prof. Brinkmann

Jaja …
Als der Griesbrei aus der Mode kam
und das Halmaspielen,
was konnte man da
den Kindern noch
mit auf den Weg geben?
Kichererbsen
Brote mit Margarine und Zucker?
Einen harten Winter?
Oder was?

SO?
Zwischen den Zweigen
der allumfassenden
Wissenschaft
sitzen nur selten
noch Vögel
in buntem Gefieder
und lärmen.
Die meisten haben schon
die Flügel zusammengeschlagen
vorschriftsmäßig
und sich als Brathuhn verdingt
in der Kantine.

Ja, wenn …
Sorgen drücken
Falten aufs Gesicht,
und auch am Hintern
läßt die Glattheit nach,
mit der man bisher
überall
irgendwie
doch noch
durchgerutscht
ist.

Von Uwe Nielsen

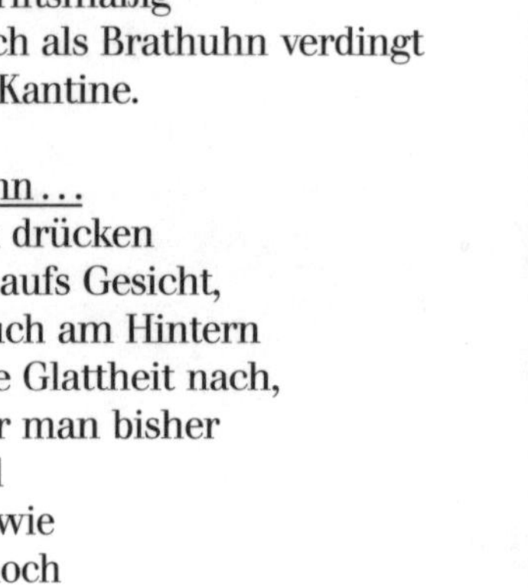

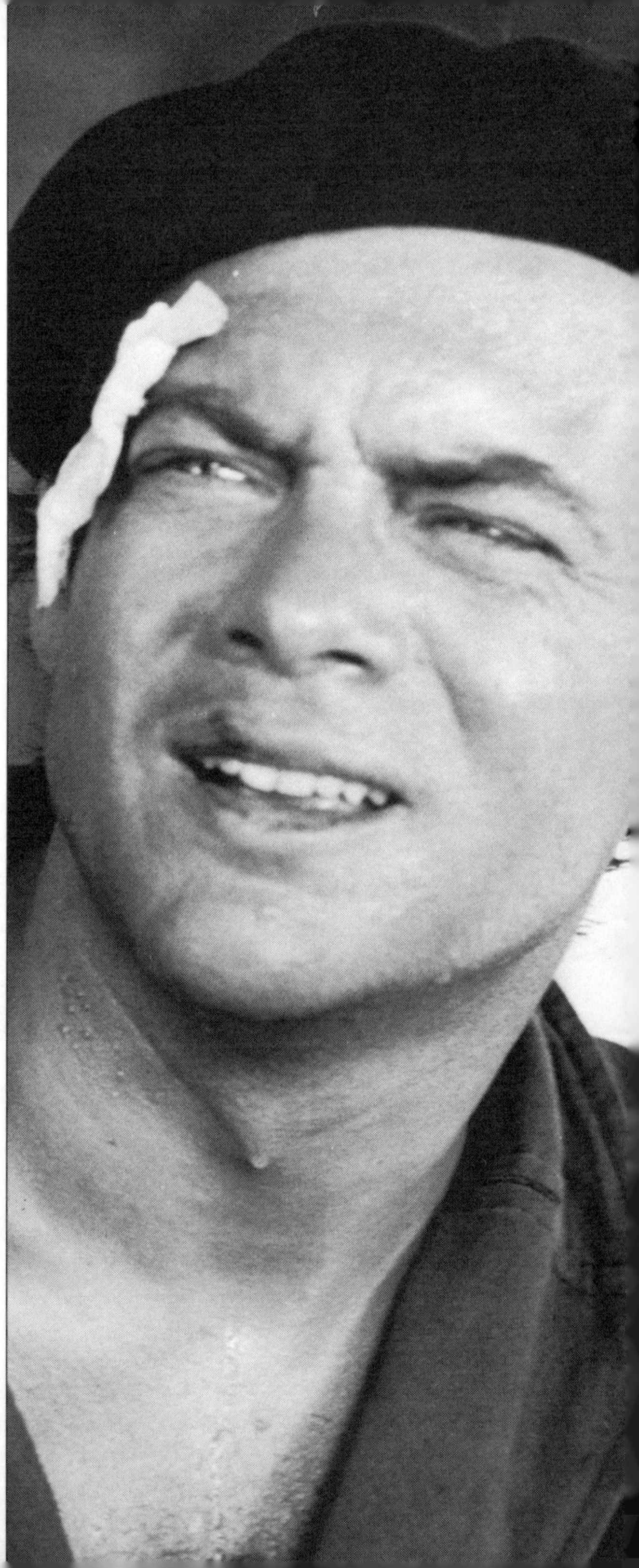

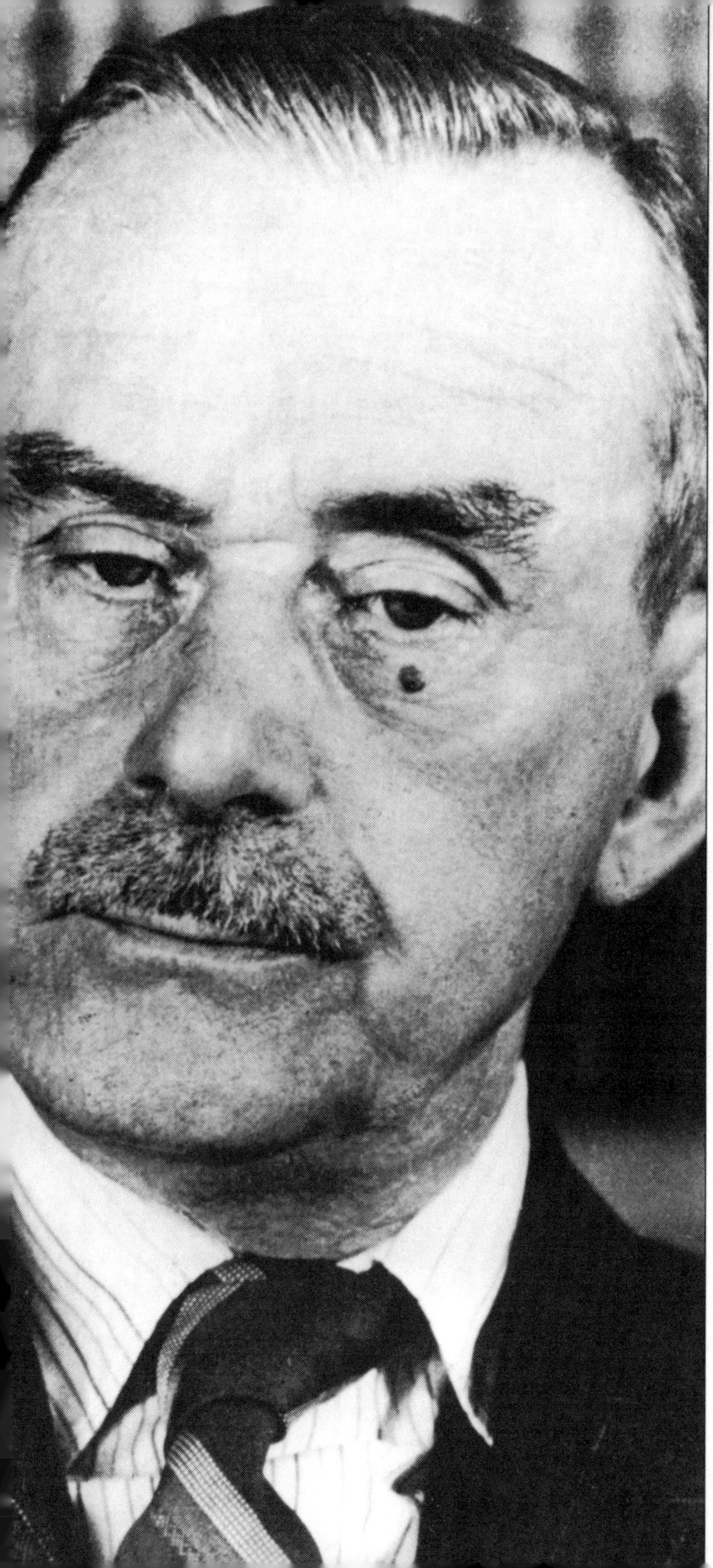

Oh!
Fledermäuse
rasen durch die Nacht.
Nordwärts, nordwärts
gellt ihr Schrei!
Gierig lechzen ihre Lefzen
nach dem Blut der Lorelei!

Mutter
Einst
wenn du die Welt verläßt
dann bin ich ganz entkindet.

Jetzt
wenn du die Semmel faschierst
dann ist sie ganz entrindet.

Einsam
wird die Zeit.

Zeit
wird's fürs Essen!

Die Stunde kommt.

Ich trage meine Angst
allein.

Du trägst die Suppe
herein.

Mutter.

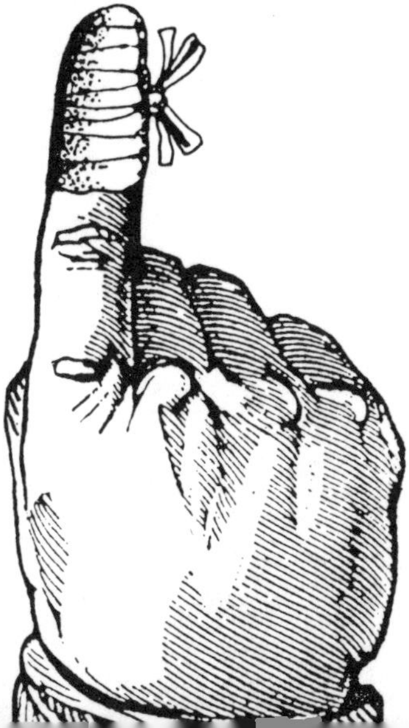

Werther Herr Doktor,

retten Sie mich, verehrter Professor, retten Sie mich, oder ich jage mir die Kugel doch noch durch den Kopf!

Heilig glühend Herz! Wohin bloß hast du mich geführt? Ich sehe nichts als ein ewig verschlingendes, ewig wiederkäuendes Ungeheuer!

Alle Welt hat es ja inzwischen erfahren, wie sehr ich leide. Doch wen kümmern Werthers Leiden? Und wer kann mir helfen? Wilhelm nicht, mein bester Freund, und die anderen erst recht nicht.

So schön hat es angefangen. Ich habe getanzt mit ihr, so unbefangen, so hingegeben, und auch sie war mit ganzer Seele, mit ganzem Herzen dabei, ihr ganzer Körper war sorglos, als wenn sie an nichts dächte. Welche Wonne für meine Seele! Aber sie war schon vergeben, man hatte mich gewarnt.

Wilhelm riet mir, bei Ihnen anzufragen. Wenn einer helfen könne, dann Sie, sagte er. Bin ich ein Tor? Richtet mich diese tobende, endlose Leidenschaft zugrunde? Wenn sie näher zu mir rückte, Lotte, meine ich, so daß der himmlische Atem ihres Mundes meine Lippen erreichen konnte, lief's mir durch alle meine Adern. Pulsschlag messen? Ich komme!

Sie werden mir helfen — oder Ihr Sohn. Der versteht was von Liebe, sagte man mir. Sie liebt mich, noch immer, er soll mich kurieren! War er im Harz,

Von Hardy Scharf

»Sonst ist es beschlossen, ich ende«

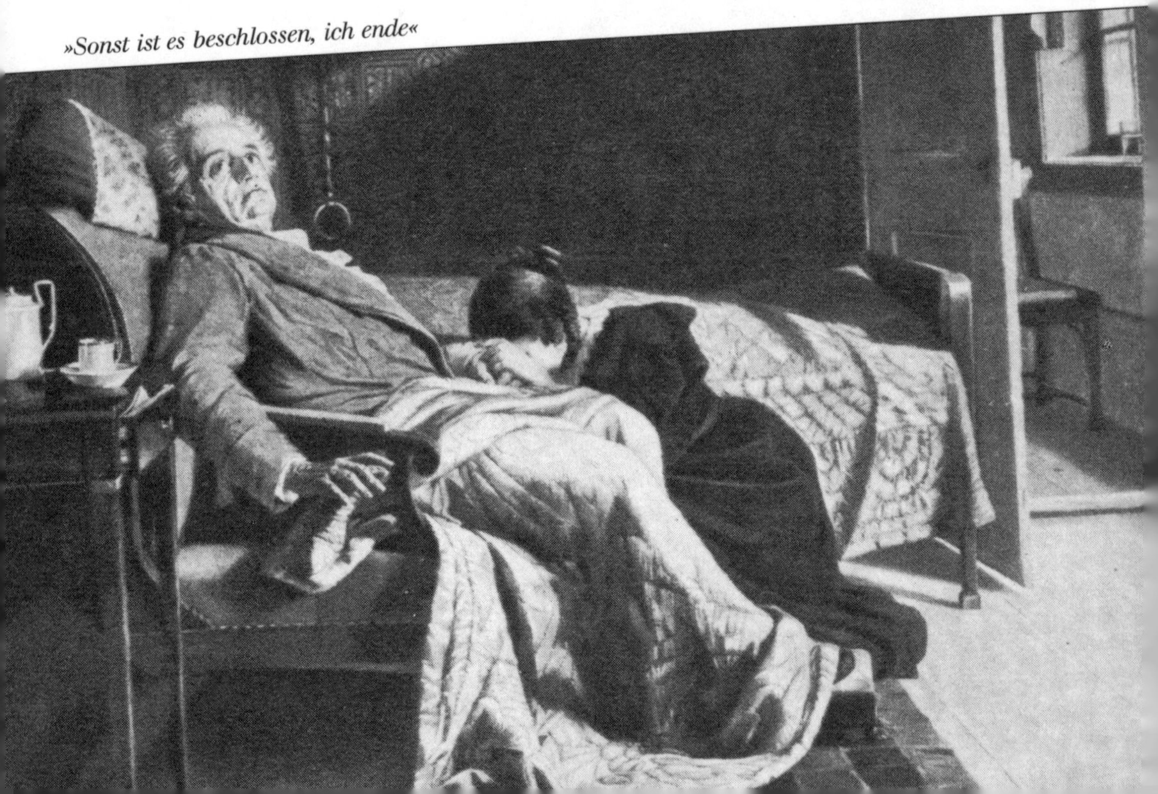

eh' er im Schwarzwald, und auch auf dem Blocksberg? Hexentrank, Liebestrank, ich bin bereit. Mehr als einmal war ich ganz trunken, nahe dem Wahnsinn. Er soll es versuchen. Noch diese Woche. In jedem Weib will ich Lotten sehn!
Meine Kraft ist am Ende, ich erwarte schnell Antwort, sonst ist es beschlossen, ich ende.

Werther

(Von einer Antwort der Schwarzwaldklinik wurde nichts bekannt, was Werthers Ende erklären mag.)

Ein neuer Brief vom Filser Sepp

An Herrn Bechler Gorbinian
Bosthalder in
Mingharting
Bosd daselbst

Liber Schbezi.

grad homs mi englifad in di Schwazwaldglinigg, di wo Du fieleicht aus den Fernseh gennst, aber wenn du ein Gassenbaziend bisd, da is das Grangenhauslem doch gans anderscht. Dem Brofeser Prinkman hab ich noch gor nüchd gesehn, fieleicht isd er in Uhrlaub. Bei mir war nur ein gemeihner Dogdor, und er had mir eine feichde Hand gem und gesagd »Jaja, guter Mann!«, undann is er wieda hinaus. Und dazu sagen sie hier Wiside.
Und dann frage ich mich: Is das normahl, das da allweil eine Filmgamera dabei is? Mein Nachbar, ein liber Mentsch, had erzellt, wie er am Oberazionsdisch gelegen is, da habens ihm den Bilddarm glei wieder neitan, weil nix am Fülm oben gwesen war. Unt morgen wollen sie's no amal brobiern.
Liber Schbezi, wann wenixtens du hier liegen dadast, da könnten mir schon eine Mordsgaudi ham, aber so is es rechd fad, und mein Härz is bedriebt, das ich nichd bei Dir bin,

Dein liber Freind Josef Filser.

Von Uwe Nielsen

Ignaz Kiechle schreibt dem Friedrich Zimmermann, dass es mit ihm aufwärts geht

Lieber Friedrich,

Jetzat kann ich schon wieda an Schreiber hoitn und an Brief schreim, bloß so schummrig is mir noch vorn Augen. Der Professor Brinkmann hat mi wieda pfundig hinkriegt, do kann ma scho neidisch wern. Warum ham wir in Bayern net auch so a Schwarzwaldklinik? Des is zum Haarausreißn, daß uns der Späth Lothar da scho wieda amoi zuvorkomma is.
Jässasmaria, war mir schlecht. Du woaßt ja, was mir probiert ham, mit dem oiternativn Oktoberfest. Ich wollt ja beweisen, daß ma in der EG a guate Politik macha und daß ma die Überschüsse gut brauchen könna. Jo mei! Oitag hab ich 5 Kiloklötzn Butter gfressa und 12 Maß Mili gsuffa. Den EG-Wein hab ich net kosten mögn, da wär mi eh glei schlecht worn. Der Bangemann hat ja kniffen, das feige Luder, heimlich hat er alles wieda ausgspuckt, was mir eam neigstopft ham. Der Mensch lebt nicht vom Fett allein, hat er gsogt. Dös war keine rechte Gaudi auf der Wies'n. Schmeißt's dös ganze Zeug weg! Ich mag keine Butter mehr sehen, und Mili eh net. Aber sagt's dem Stoltenberg, daß die Agrarwirtschaft a weiteres Subventionsgeld braucht, weil, den Bauern geht's doch so dreckad.
Lieber Friedrich, grad kimmt mir wos anders: Du solltest auch amol doher in die Schwarzwaldklinik zur Behandlung geh. Du weißt schon, wegen dem Zeigefinger und dem Mittelfinger an Deiner rechten Hand, die warn doch nach all den vielen Gerichtsterminen arg gstarrig gworden. Die kriegt der Professor Brinkmann sicher wieder gelenkig, der is a Pfundskerl. Und dabei könntst ihn gleich fragn, ob er net nach Bayern eiwandern tät und in Kreuth a Klinik aufmachen. Soiche Leut tät ma bei uns brauchen, ich sag's Dir. Oder solln mir den Wiesheu schicken, damit er mal a schöne Maß mit eam sauft? Ich hab extra noch nix zu dem Brinkmann gsogt, weil Du bei so was gschickter bist.
Ich freu mi scho wieder auf mei erschte gzapfte Maß Bier!

Dein Ignaz

Von Wolfram Eicke

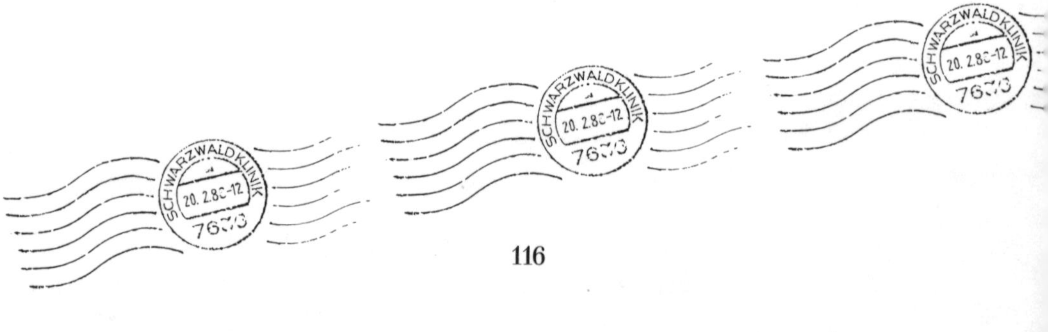

Geheim! Glottert. 14. April

MAD
Abt. Geg. Spion.
Schließfach
5000 Köln

Schlimmste Befürchtungen bestätigt: Prof. Brinkmann ist Deckname. Ursprünglicher Deckname: Klausjürgen Wussow. Stammt eigentlich aus Ukraine. Wurde nach dem Krieg in der DDR ausgebildet. Hat sich vom einfachen Schauspieler zum Major der Nationalen Volksarmee hochgearbeitet. Danach in Schwarzwald eingeschleust.
In zwei Tagen mehr.
Lasse mir jetzt die Mandeln rausnehmen.

Mit freundl. Tom Tom
Hugo I

Geheim! Glottert. 21. April

MAD
Abt. Geg. Spion.
Schließfach
5000 Köln

Bin fassungslos. Die Geschichte der Bundesrepublik muß neu geschrieben werden! Hier sind *alle* behandelt worden.
Habe bei Spaziergang Gewölbekeller entdeckt. (Die Klinik ist tatsächlich voll unterkellert.) Dort mit Nägeln in den Schwarzwaldschiefer gekritzelte Inschriften von Prominenten gefunden.
Carstens ist hier von seiner Wanderniere geheilt worden, Kujau lernte hier schreiben, Pfitzmann lispeln. Die Knef bekam hier ihren ersten Krebs, Hakkethal wurde mit Zyankali ausgerüstet. Und Geißler wurde hier zum Intellektuellen geklont.
In zwei Tagen mehr.
Lasse mich jetzt sterilisieren.

Mit freundl. Tom Tom
Hugo I

Von Gerd Wollschon

Geheim! Glottert. 32. April

MAD
Abt. Geg. Spion.
Schließfach
5000 Köln

Das ist Spitze! Wussow hat in Libyen Medizin studiert. Zwei Monate lang. Zusammen mit Köhnlechner. Habe das von seiner Lernschwester erfahren. Danach vier Jahre Kaderschulung mit Brandauer an der Burg. Unter Gründgens, der bekanntlich sehr seltsam ums Leben kam. Major Wussow gilt in Kreisen des ZDF als Kapazität. So hat er z. B. Graf Lambsdorff zu 50 % von der Krallenfußschen Krankheit geheilt (beim zweiten Bein wurden allerdings die Devisen gekürzt). Rau sind mehrere Sprachhülsen entfernt worden. Und bei Baum hat W. den Kopf erfolgreich ausgeschabt.
Meine Tarnung ist übrigens perfekt. Man hält mich tatsächlich für einen Privatpatienten.
Lasse mir jetzt ein Bein amputieren.

Mit freundl. Tom Tom
Hugo I

Geheim! Glottert. 4. Juni

MAD
Abt. Geg. Spion.
Schließfach
5000 Köln

Habe mit der Oberschwester geschlafen. Hat ausgepackt: Die Klinik hat auch einen Anbau. Von vorne nicht zu sehen. Mit offener Therapie für Politiker.
Kanalarbeiter haben hier ihre Suite. Direkt neben der CDA.
Mit Kabelanschluß zum BDI. Alles auf Spendenquittung.
Schmidts Heimorgel steht hier und Wörners Sandkasten. Lübke soll hier Kohls Reden geschrieben haben.
Morgen mehr.
Lasse mir jetzt die Nierensteine zertrümmern.

Mit freundl. Tom Tom
Hugo I

Geheim! Glottert. 18. Juni

MAD
Abt. Geg. Spion.
Schließfach
5000 Köln

Ich werde wahnsinnig! Major Wussow hat alle prominenten Politiker versaut. Hier zeigt der Kommunismus mal wieder sein wahres Gesicht! Kohls Sprachhirn z. B. ist nach »Prof.« Brinkmanns Eingriff fast völlig ausgerottet. Nur noch für Wahlzwecke tauglich. Kein Englisch mehr, kein Französisch, kein Spanisch, kein Bayrisch. Nur etwas Oggersheimer Plattler!
Auch Wörner, früher ein begabter Starfighter-Pilot, hat sich von seiner Lachsack-Operation nie mehr erholt.
Der schrecklichste Kunstfehler ist aber Blüm: Der arme Mann, dem nur sein IGM-Mitgliedsbuch entfernt werden sollte, hat versehentlich die Bereitschaftserklärung zu einer Gehirntransplantation unterschrieben. Jetzt hat er das Gehirn von Esser. Und Esser kann mit seinem nichts anfangen und hat es an Wallraff verkauft.
In zwei Tagen mehr.
Lasse mir jetzt die Prostata entfernen.

Mit freundl. Tom Tom
Hugo I

Geheim! Glottert. 19 August

MAD
Abt. Geg. Spion.
Schließfach
5000 Köln

Allerschlimmste Befürchtungen eingetroffen. Major Wussow hat mich wahrscheinlich mit Hilfe von Leutnant Hehn enttarnt.
Gaby Dohm Tochter von Mata Hari. Löwe, der Regisseur Tögel gebissen hat, vom russischen Staatszirkus.
Kieling war Überläufer. Rademann gab den Befehl.
ZDF von Moskau gesteuert.
Fuchsberger Doppelagent.
Muß aufhören. Prof. Brinkmann kommt.

Liebste Lotte in Weimar!

Derweilen mir ein leichtes Unwohlsein während der beschwerlichen Reise in der Kutsche gen Italien in die gerüttelten Glieder fuhr, verweile ich ein paar Tage zum Zwecke der Erfrischung in der vielberühmten Schwarzwaldklinik, von dero Lieblichkeit und teutscher Tugend Ihr sicher schon gehöret habt. Medicus Brinkmann, ein hochgelahrter Mensch mit verwickeltem Familienleben und einem Hang zum Personal, fand mich jammernd und arg zerschlagen an Geist und Gliedern am Straßenrande sitzend und complimentirte mich sogleich in sein bekanntes, einschlägiges Haus, wo man echter Kranker gottlob nur sehr selten gewahr wird.
Liebste Lotte, hier bin ich Mensch, hier darf ich's sein! Mich deucht, hier könnten Zeus, Prometheus, die Titanen und alle griechischen Plagegeister zusammen Pläne schmieden, die Welt zu verändern oder gar zu stürzen, keiner würde es füglich bemerken!
Medicus Brinkmann hat mich wieder aufgerichtet; nicht mit Pülverchen oder Blutabschlagen, nein, allein durch die Himmelsgüte seiner strahlenden Augen, die so tief blicken, wie der Olymp hoch ist. Ich schrieb ihm in sein Gästebuch, was mir in der Seele vor Dankbarkeit und Verehrung brannte:

O Brinkmann-Zeus, ich ehre dich!
Wofür? Du hast die Schmerzen der Beladenen gelindert;
du hast die Tränen der Geängstigten gestillt!
Heil dir, o Brinkmann-Zeus.
Du formst die Menschen grad nach deinem Bilde,
siehst alle deine Blütenträume reifen,
schaffst ein Geschlecht, das dir gleich sei,
zu leiden, zu weinen, zu lachen und zu freuen sich,
mit dir, für dich, zu deinen Gunsten
und aller, die von diesem Hause leben.
Heil dir, o Brinkmann-Zeus!

So, liebste Lotte, schrieb ich ihm, und es kam, ich schwöre Stein und Bein, aus einem heilig glühend, teutschen Herzen. Welches ich, ich muß es wohl bekennen, bestimmt für immer und ewiglich an die Schwarzwaldklinik verloren habe. Was sonst noch hier an diesem göttergeliebten Orte teutscher Innerlichkeit auf meine Seele niederschlug, habe ich in eine Hymne gefaßt und sende sie Ihnen, damit Sie diese aufbewahren für alle Zeiten. Sie gerade Sie und nur Sie, werden begreifen und die Worte in Ihrem Herzen bewahren, Sie kennen mich doch gar bestens von allen Seiten. Ich gedenke, diese Hymne nicht der Öffentlichkeit zuzutragen, sie soll nur uns beiden gehören. Denn so ein epo-

Von Hansjürgen Jendral

chales Ereignis wie die Schwarzwaldklinik — ist es zu kühn, es mit Homeren oder mit Troja zu vergleichen? — sollte nie und nimmer dem Gezänk einer schnöden und profanen Welt und deren tumben Kritikastern ausgeliefert sein. Hier also die Hymne,

Ihr getreuer alter Goethe

FÜR CHRISTA BRINKMANN

In dieser Klinik war's, wo ich beschaute,
wie Kranke sich an Kranke paßten;
des Personals gedacht ich, das ergraute.
Sie liegen da, in Reih geklemmt, die sonst sich haßten,
und derbe Knochen, die herum sich schlugen,
sie lagern kreuzweis zahm allhier zu rasten.
Verbrauchte Körperteile! Was sie trugen,
fragt niemand hier, und zierlich feine Glieder,
ein Blinddarm hier, die Niere dort, zerstreut aus Lebensfugen.
Ihr Lahmen also liegt bei Brinkmann nieder,
nicht Ruh im Bette läßt man euch. Vertrieben
seid ihr schon bald ins Leben wieder.
Ihr alle dürft den schönen Brinkmann lieben,
den herrlich edlen Kern, den er bewahrt.
In Kürze wird die Rechnung euch geschrieben.
Mir hat der Klinik Sinn sich offenbart,
als ich inmitten dieser blöden Menge
unschätzbar herrlich ein Gebild gewahrt.
Und in der Klinik Albernheit und Enge
ich frei und wärmefühlend mich erquickte,
als ob ein Lebensquell dem Tod entspränge.
Wie mich geheimnisvoll die Form entzückte!
Udo und Käti sind zwar gut erhalten
und ihre Spielart die verrückt-entrückte.
Doch setz ich nicht auf diese quarkigen Gestalten.
Geliebte Christa! Spende Sprüche spende!
Bin ich es wert, dich bei der Hand zu halten?
Dich höchsten Schatz dem Brinkmann ich entwende,
und in der freien Luft mit frommen Sinnen
les ich dir vor all meine dicken Bände!

Was kann ein Mensch im Leben mehr gewinnen,
als daß sich ihm die Christa zugewandt?
Und läßt der Herr nun meinen Geist verrinnen,
ich darf es jubeln, ich hab sie gekannt!

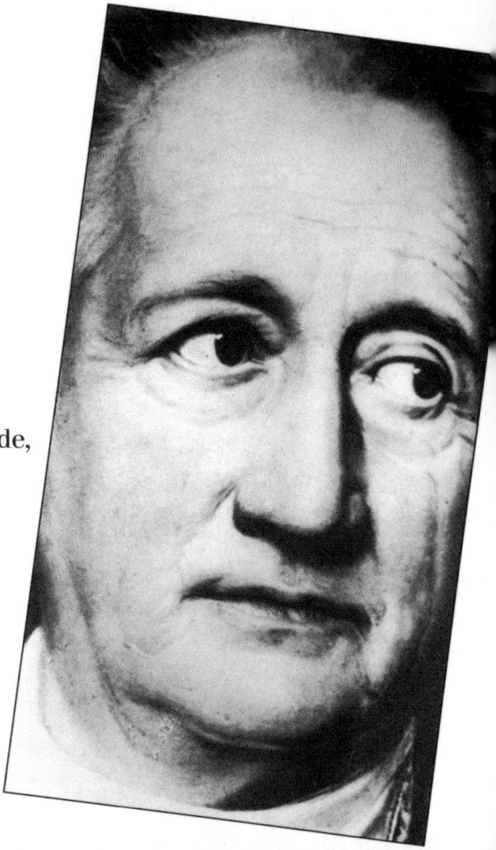

Lieber Preußens Friedrich,

ich sitze hier in dieser Klinik, die man wohl »Prominenten...« heißen mag. Meine Frau – die wie vielte war es doch gleich? – hat mich hier mit unklaren Symptomen eingeliefert. Sie meinte, ich gehöre hierher. Dieser unsägliche Professor Brinkmann, der öfter im Fernsehen zu sehen ist als ich (quelle surprise!), hat nach einer dieser bekannt schlampigen Untersuchungen diagnostiziert, ich litte an akuter Hypochondrie. Ich habe ihm gesagt, daß er mich mit Henri Nannen verwechselt.
Mein Leiden ist bekannt (natürlich nur diesem Brinkmann nicht!): Ich leide an Deutschland. Und an seinen Kanzlern. Das verbindet uns beide ja so. Ich habe sie kritisch – kritisch kommt von Krise – begleitet und alle überlebt. Und jetzt das! Ich ersticke am Kohl-Dampf! Dieser pfälzische Plebejer aus Oggersheim, 1,96 groß (ich beneide ihn nicht darum, ich nicht!), unheilbar gesund, droht mich auszusitzen.
Gerade war noch mal dieser knarzige Brinkmann bei mir und hat meinen letzten Haschisch-Vorrat beschlagnahmt. Er empfahl mir statt dessen Baldrian. Das ist alles, was sie können: Baldrian für mich, Baldrian für die Nation. Wenn sie mich schon nicht als Praeceptor Germaniae anerkennen, so doch wenigstens als dessen Kassandra! So schwarz, wie ich sehe, sind die schon lange.
Liebster Friedrich, mein Gott, was soll aus Deutschland werden? Ohne mich? Ich bin ja für Demokratie, Freiheit und Pluralismus, teilweise sogar für Kapitalismus – aber bitte, doch so, wie ich es verstehe. Aber auf mich hört ja keiner. »Sie haben Ohren und hören nicht« (Matthäus 4, 18). Oder ist es Johannes 14, 13? Nicht mal eine Bibel haben sie hier in dieser Luxusklinik. Da war es ja damals in diesem Hamburger Untersuchungsgefängnis besser...
Aber mit Jahwe werde ich an meinem Motto festhalten: »Wohlauf, laßt uns herniederfahren und dort ihre Sprache verwirren, daß keiner des anderen Sprache verstehe!« Man nennt das heute SPIEGEL-Sprache!
Wenn ich in den Spiegel sehe – nein, nicht in diesen, der langweilt mich schon lange, taedium vitae –, dann werde ich Dir, liebster Friedrich, immer ähnlicher. Diese hervorspringende Nase, die Falten der Bitterkeit um den Mund, die hohe Stirn – eine Deiner Perücken stünde mir sicher!
Vielleicht sollte ich auch zu schnupfen anfangen.
Lernschwester Margit bringt mir einen Kamillentee und weist mich auf die Schönheit der Schwarzwaldlandschaft und der Schwarzwaldhäuser hin. Für

Von Gerd Schmitt-Hausser

was halten die mich hier? Wer in einer reetgedeckten Elbvilla wohnt, kann auf die schindelgedeckten Bauernhäuser dieser Gegend nur mit geringem Amüsement schauen. Von wegen Süd-Nord-Gefälle.
»Mich ekelt dieses Volkes« (Mose 98, 13 – oder war's 13, 98?).
Wie auch immer, mein lieber Friedrich, mein allerleutseligster Friedrich, mein kongenialer Friedrich – mein Entschluß ist gefaßt: Dieses Glottertal ist mein Kunersdorf. Ich lasse mich zu Hackethal verlegen. Bei Philippi – oder irgendwo sonst – sehen wir uns wieder.

Dein Augstein

PS:
Gerade kommt dieser Brinkmann und sagt, er habe von Rademann erfahren, wer ich eigentlich sei. Ab sofort bekomme ich eine VIP-Behandlung, notfalls sogar einen Sterbehilfe-Martini, gerührt, nicht geschüttelt. Zu spät ... D. O.
PPS:
Der ganze Stab dieser vorzüglichen Klinik lobmeiert jetzt um mich rum. Vielleicht bleibe ich doch ... D. O.

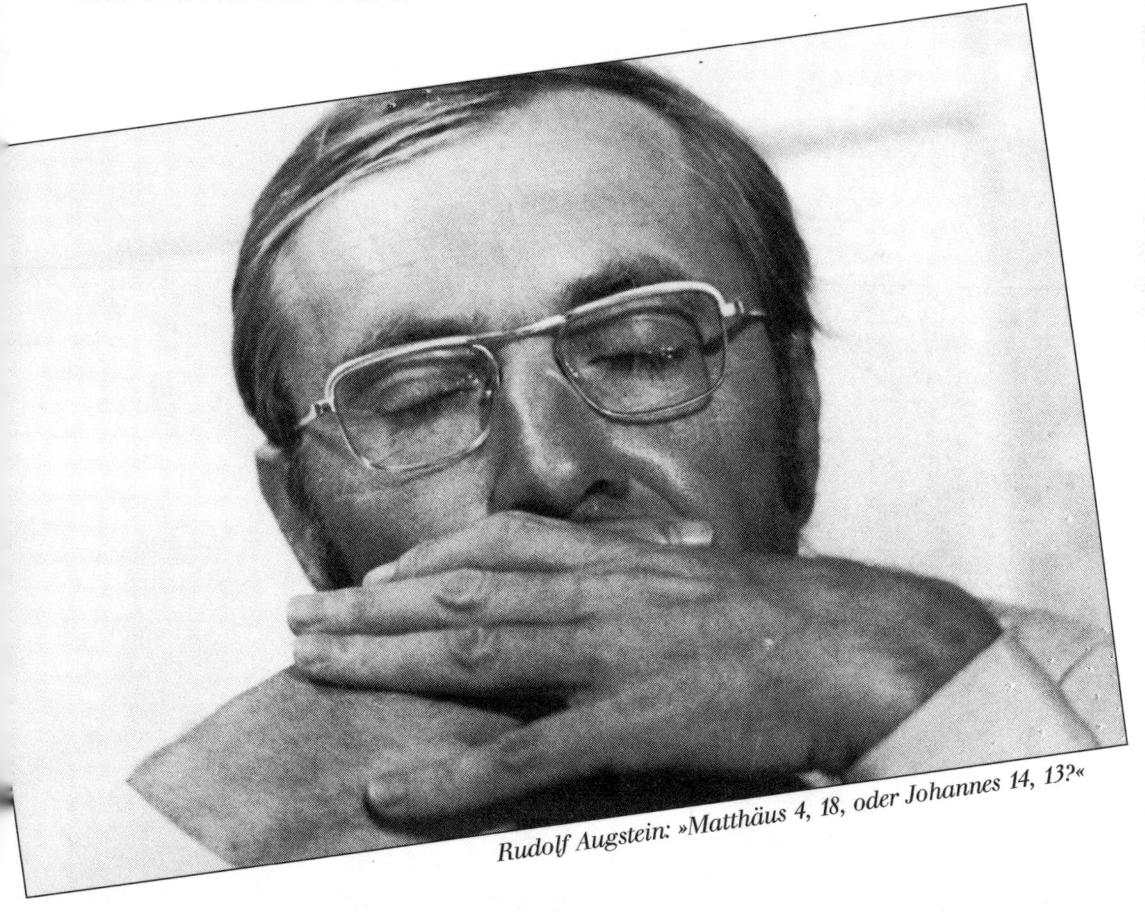

Rudolf Augstein: »Matthäus 4, 18, oder Johannes 14, 13?«

Wilhelm Tell legt dar, warum er nach Süden ziehen und Nationalheld werden will

Von Lorenz Keiser

Der vorliegende Brief wurde 1951 im Rahmen von Ausgrabungsarbeiten in Kandelweiler bei Glottertal im nordwestlichen Schwarzwald gefunden. Vom darin angesprochenen Ritter Prinkmann von Wussow besitzt die Geschichtsschreibung heute glücklicherweise ein recht genaues Bild. Prinkmann von Wussow lebte in der Zeit zwischen 1240 und 1310. Er taucht als Brinkman von Pfuschow auch in der Badischen Methizin Bulle von 1307 auf und wird in mehreren lokalen Quellen erwähnt. Aus Müllers historischen Aufzeichnungen (vgl. Müller, »Historische Aufzeichnungen«, Wuppertal 1956) geht hervor, daß Kandelweiler bei Glottertal am Weg des täglichen Ausritts von Prinkmann lag. Es darf daher angenommen werden, daß von Wussow den Brief auf einem solchen Ausritt verlor oder, wenn man den Inhalt des Briefes betrachtet, vielleicht auch mutwillig fortwarf. (Vgl. Watzlawitz, »Fortwerfen als befreiendes Moment der Zornesbesänftigung gestern und heute«, Bern 1968) Der typisch Glottertalschen Kreide-Molasse-Schicht (doppelt kohlensaures Schwefeldioxid) ist es zu verdanken, daß uns dieses wertvolle Dokument einwandfrei erhalten blieb.

*»Wass gloubst dû,
wie ich den Apfeltrik
sat habe!«*

Swarzwald, im Hornung
anno domini 1291

Ritter Prinkmann von Wussow!

Jetzo ist endegültig schlusz mit deyne eynladungen auf die Burg! Auss, fertig und Amen! Ich werde nicht mer komen! Genuog hab ich von dir, von deynem halbslauwen Sohn mit seynem blöden wyssen Ross den ebenso gebissigen Burgfrauwleins, genuog von allen deynen kurtzweilen des wochenendes, ob am Samstage oder am Sontage.
Immerdar habe ich angenomen deyne eynladungen, woch für woch bin ich kommen und habe deyne neusten kurpfuschereyen angehöret, deyne ältsten tanten angeschauet und deynen tûmbsten Sohn, zum glük hast du nur eynen davon.
Und, Prinkmann von Wussow, di blessûren deyner basen nemen mich nicht mer wunder verstehst du? Ob sie di galopierend schwindtsucht, di früreif maul und klauenseuch oder den saugend slagfluss haben, es ist mir gleych! Wen man all dise gebresten zuhause im sessel genissen könnt lisse sich wol drüber reden, aber jedesmal der lang Ritt, diser geferlich weg ûber den sumpfe, der anstrengend aufstig zur Burg, Burgfest nenst dû das! Das ist doch kein Burg, eyne Klinick ist das. Mit angeslozzenem Slûzzelbeinservice deynes auf keuschheytsgûrtelrose spetzialisirten Sohnes.
Klar leben wir im swerzesten mittelalter, aber ist das eyn grund, di gantz bevölkerung der gegend woch für woch mit cholera-moritathen zu belestigen? Nicht für mich und darumbe wandre ich aus, gehe furt richtung süden. Wass ich mache, weyss ich noch nicht, warscheynlich werde ich Nationalheld. Der Talpfaff hat mir gesagt, ich hette das zeug dazu. Hauptsache ich bin weck von dir. Wass gloubst dû, wie ich den tumben Apfeltrik sat habe! Hat es wol gegeben nur eynen Samstag an dem ich in nicht hette vorfüren müszen? Neyn, jedesmal sagent si: »Ach bitte Willy, zeig uns doch deyn kunststüke dû weysst schon, das mit dem apfelin auff dem heuptleyn!«
Und dann das kreiszen deyner tanten wen der Pfeyl traf. Imer hat er getrofen, hastu gegloubt er trefe nicht? Es ist das eynzig was ich kan, das bize armbrust schieszen. Und gleychwol ûberlasse ich es in zuekunfft dir, vor eyner breytern Zuschawerschaft den Hansdampff auf allen gemeynplätzen zu spilen.
Warumbe machst dû das ûberhoupt? Damit dich baldt 65 Protzenthe der swarzwelder kenen, darumbe? Wen es das ist, kan ich dich beruigen, das hast dû erreychet Prinkmann, aber gloube mir, das sint die faltschen 65 Protzenthe.
65 alleyne ist noch nichts gutes. Oder wass würdst dû sagen, wen zum beyspil 65 Prozenthe unseres prechtig swarzwaldes dahin weren? Warscheyn-

lich würdst dû gar nichts sagen, hettest noch eytel Minne daran, nur weyl man deyn Spittelburg weyterhin sehen könnt!
Dabey wil man dich gar nicht sehen, emel ich nicht. Dû hast eyn milchgesicht ein silberblickiges, des anblick eynen helden wie mich nur beleydiget. Denn in mir flieszet Heldenblut, was flieszet bey dir? Frostschuz warscheynlich. Denn dû komst aus Oesterreyche. Oder aus Ungaren? Oder aus der spinnwinde. Mir ist es nicht wichtig.
Wichtig ist, daß ich eyne schillernde figur bin und dû eyn unterbelichtetes feldt.
Itzund zihe ich furt. Und dû kanst in deyner Spittelburg verschimelen. Bis zur folge 250 deyner wochenend-kurtzweilen. Oder wen deyn geistig schwach durchpluteter Sohn ûbernimt, bis zur folge 500. Aber warscheynlich gratet Ir schnel in vergessheyt. Ich kan mir emel nit vorstelen, daß jemand Prinkmanns quacksalbereyen erzelen oder gar hören wil. Da sind noch vorher die heuser aus lepkuchen und di bös Hexen im ofen statt der gutpratenen hüner.
Furt zihe ich nach dem süden, bis die Berg komen, dort lept eyn srullig und dümliches Volk, dem zeyg ich meynen Apfeltrik und dann werd ich seyn Nationalheld. Das volbringst dû nie. Bis eyner wie dû Nationalheld werden kan, muß das teutsche Volk noch viel Kohl zessen haben. Vorher machen die eynen Käs zum Nationalhelden oder noch besser eyn stük thorte. Stel dir das vor, swarzwelder thorte ich lach mir eynen sranz.
Itzund bist dû böse, Prinkmann, sinst auf rache, alles nur weyl ich deyne sonst schon verschwendethe zeyt mit diesem prief noch mer vergeude. Wilst mir ein vergiftet wasser geben, ich seh wie er entstet der frevle gedank, durch diese hole birne muss er komen, aber ich hab keyn angst und furcht, ruf nicht: sorgt für meyn weyb, sorgt für meyne kinder, das ist sowiso nicht meyn teckst, den wen dû das liest bin ich schon lang weck auser reychweite deynes stethoskops auf dem weg nach süden auf dem weg zum Nationalheld.
Ich wil dir nicht die hofnung verderben, Prinkmann von Wussow, gröszter medizinischer blindtgenger aller zeyten, vileicht schaffst dû das auch eynmal, nur sint bis dan sicher hunderte von jaren vergangen. Eyner deyner beknakten urenckel wird dann vileicht Nationalheld. Szwarwelder Nationalheld Prinkmann, legithimer nachfolger der thorte. Etwas weniger eckig, dafür genauso süess und sicher dopplet so smierig. Mâlzeyt!

Mit unliebsamen
grüßzen
Wilhelm Thell

Liebster Doktor Brinkmann!

Sie haben mich ja wieder ganz toll hingekriegt und ich darf stolz von mir behaupten, daß ich wieder in tadellosem Zustand bin.
Falls es mal Ihre wenige Zeit zulassen sollte, meine Beschaffenheit zu überprüfen, so können Sie das leichter haben, als Sie denken.

Bis bald,
aber dann mehr.
♡ Ihre
Ilse S.

Von Dieter Huthmacher

Herrn Dr. H. Kohl
PERSÖNLICH
Bundeskanzleramt Bonn

Lieber Helmut,

Du wunderst Dich sicher, daß und woher ich Dir schreibe. Suum cuique![1] Ich hätte natürlich auch telefonieren können, aber Dein Baierisch ist ja bekannterweise sauschlecht, und ich mag das Pfälzische nicht so sehr, weil es mich an ein versunkenes Bayern erinnert. Tempora mutantur[2], doch ich glaube immer noch an mein Bayern in der Grenzen von 1816. Aber was soll's, Roma locuta causa finita[3]. Jetzt also in medias res[4]. Von der Schwarzwaldklinik, der neuen deutschen nationalen Gedenkstätte neben der Lorelei, Leimen, der Münchner Schellingstraße und dem Maximilianeum, wirst Du ja noch nichts gehört haben, aber frage nach bei Hannelore.
Ich verweile ein paar Tage hier aus mehreren Gründen. Erstens, nomen est omen[5], würde ich ja nie in eine Rotwaldklinik gehen; zweitens kann man nur hier, felix patria[6], für Deutschland richtig populär werden; drittens mache ich angesichts kommender großer Wahlkämpfe eine Verjüngungskur, die mich, bonum non olet[7], wie Konrad Adenauer aussehen lassen wird; viertens habe ich hier um mich, ave imperator[8], die CSU-Landesgruppe und alle befreundeten Großindustriellen versammelt; und fünftens fassen wir hier einen Beschluß, sine ira et studio[9], der schon einmal als sogenannter Kreuther Beschluß in die Weltgeschichte eingegangen ist, per aspera ad astra[10]!
Lieber Helmut, alea jacta sunt[11]! Ich werde hier zwar immer jünger, schöner und reifer, aber keine Angst, Bundeskanzler will ich 1987 nicht, ich unterstreiche *nicht*, werden, obwohl immer noch gilt, was ich einst in meiner Wienerwaldrede über Dich sagte (... Dir fehlt alles dafür...). Wir beide haben nun einmal eine richtige Männerfreundschaft, sagt man (ich sah in Dir allerdings immer meinen getreuen Hausmeister), darum darf ich es Dir direkt ins Gesicht schreiben: Meine Parteifreunde und alle Großunternehmer einschließlich der Führung des FC Bayern München und des Dachverbandes der Bayerischen Faschingsvereine stimmten ohne Abstimmung, also unisono einstimmig, meinem Entschluß zu, die Christlich-Soziale Union (Du kennst sie als CSU) ab sofort bundesweit auftreten zu lassen und den deutschen Wählern Herrn Professor Dr. Klaus Brinkmann als Kanzlerkandidat an die Herzen zu legen!

Von Hansjürgen Jendral

Proximus sum egomet nihi[12], lieber Helmut, heule nicht, wirf Dich nicht kreischend auf den Kanzleramtsboden, trage es wie ein Mann. Ein veni, vidi vici[13] gibt es für uns nur mit Professor Brinkmann, darüber sind wir uns hier vollständig einig. Ich bin zu intellektuell, gebildet, rhetorisch begabt, entscheidungsfreudig und durchschlagend, Du bist genau das Gegenteil davon. Nimm es hin, mein Freund, und bereite Dich auf den Botschafterposten in Vaduz vor, sie sprechen dort eine Art Deutsch.

Professor Brinkmann ad portas[14]! Er ist unser Mann für alle Gelegenheiten, er ist schön, populär und unverdorben! Er wird ohnehin, wie er mir sagte, demnächst wegen eines angeblichen Herzinfarktes aus der Schwarzwaldklinik ausscheiden, steht uns also zur Verfügung, und er überläßt mir, wie ich ihm sagte, die Ministerien des Äußeren und Inneren, der Wirtschaft, der Finanzen, der Justiz, der Verteidigung und für Familie und Soziales. Die anderen Ressorts mußte ich ablehnen, schließlich habe ich ja noch mehrere Aufsichtsratsposten und muß auch meine CSU bundesweit führen sowie in Bayern die Fahne hochhalten.

Semper Augustus[15], ich werde das Reich mehren. Warum ich von Brinkmann so überzeugt bin? Lieber Helmut, Du glaubst ja gar nicht, wie ihn die deutschen Menschen lieben. Sie hängen an ihm, an seinen Lippen, an seinen Augen, wie es in meiner Umgebung höchstens der Stoiber und der Tandler tun, wenn Du verstehst, was ich meine. Mit Brinkmann sind mir, der CSU und der CDU (ein wenig Glanz fällt bestimmt auch für euch ab) schätzungsweise 96,8 Prozent der Zweitstimmen sicher. Und als Bundeskanzler kann er ja politisch und gesellschaftlich nicht viel kaputtmachen oder ausrichten, das weißt Du ja am besten.

Ich höre förmlich, lieber Helmut, wie es in Dir arbeitet. Aber glaube nicht, Du könntest mit Boris Becker als Kanzlerkandidat der CDU kontern! Ich habe ihn hier getroffen und ihn gleich mit einem dicken Werbevertrag für zwölf Jahre an die CSU gebunden. Gell, ich war Dir wieder einmal um ein paar Längen voraus, latet anguis in herba[16]!

Lieber Helmut, es geht um Deutschland, es geht um Europa, es geht in erster Linie um mich und die CSU, es geht um die gemeinsame Sache, also sei stark, perfer et obdura[17]! Alle Einzelheiten sind besprochen. Die Schwarz-

waldklinik wird demnächst geschlossen, das Zweite Deutsche Fernsehen hat schon zugestimmt und mir alle Rechte übertragen. Um sie herum wird dann hier im Glottertal die neue deutsche Bundeshauptstadt errichtet, finis coronat opus[18]! Demnächst lege ich hier den Grundstein für die Verwaltungs-Strauß-Pyramide.

Allerdings, und das wird die deutsche Öffentlichkeit und Dich freuen, ist die Schwarzwaldklinik als Kernstück des deutschen Heldenepos des 20. Jahrhunderts keineswegs tot. Wir haben beschlossen, daß sie sozusagen weitergehegt und -gepflegt wird, unter dem neuen Namen »Wildbadklinik Kreuth«. Auch darüber wird es in Bälde eine Aufklärungs- und Informationsserie der Bundesregierung geben, und man drängt mich, ich sage es ohne jede Eitelkeit, in dieser neuen Serie »Wildbadklinik Kreuth« die Hauptrolle zu übernehmen. Falls Du Lust hast, Du weißt ja, Freunde in der Not... (mir fällt im Moment nicht die lateinische Urfassung ein), könnte ich Dir hin und wieder eine kleine Nebenrolle verschaffen. Haben wir dort in den herrlichen bayerischen CSU-Bergen nicht so manche gemeinsame Wanderung unternommen, wobei ich immer den »elder Statesman« herausgekehrt habe?

Ja, lieber Helmut, hier in der traulichen Schwarzwaldklinik habe ich nicht nur das Rad der Geschichte weitergedreht, ich habe mir auch ab und zu nostalgische Erinnerungen gestattet. Inmitten der herrlichen Tannen wird mir erst so richtig bewußt, was ich seit 1945 für das deutsche Vaterland alles getan habe. Aber mea virtute me involvo[19], blicken wir in die Zukunft. Mit Freiheit, CSU und Brinkmann ins 21. Jahrhundert, das soll unser Motto sein! Übrigens, falls Du demnächst Ronnie triffst, frage ihn nach seinen Plänen mit »Dallas«, Du wirst staunen! Nebenbei, ich habe ihn drauf gebracht, wenn auch der J. R. kein Brinkmann ist. Also schlucke sie wie ein Mann, Brinkmann und die bundesweite CSU. Es ist nicht zu ändern. Vae victis![20]

Grüße aus dem Schwarzwald sendet Dir

Dein Franz Josef

PS:
Falls Dir der deutsche Sinn der lateinischen Zitate unbekannt ist, schlag nach bei Büchmann!

[1] Jedem das Seine; [2] Die Zeiten ändern sich, die Sache nicht; [3] Rom hat entschieden, die Sache ist zu Ende; [4] Mitten in die Dinge; [5] Der Name ist ein Zeichen; [6] Glückliches Vaterland; [7] Der Gute stinkt nicht; [8] Heil dir, Kaiser; [9] Ohne Zorn und Übereifer; [10] Über rauhe Pfade zu den Sternen; [11] Die Würfel sind gefallen; [12] Jeder ist sich selbst der Nächste; [13] Kam, sah und siegte; [14] vor (an) den Toren; [15] Allzeit Mehrer des Reiches; [16] Die Schlange lauert im Grase; [17] Trage und dulde; [18] Das Ende krönt das Werk; [19] Ich hülle mich in meine Tugend ein; [20] Wehe den Besiegten.

Für Dr. Brinkmann!

Das Schicksal hat uns zusammengeführt. Nur wenige Stunden lag ich in Deinen Händen, mit denen Du mich zaghaft aufgetrennt hast. Dein glatter Schnitt wird mir ewig in Erinnerung bleiben. Nun müssen wir Abschied nehmen. Leb wohl, mein Herz, gesunde!

Dies schrieb Dir Deine liegende
Hanna.

Von Dieter Huthmacher

Liebste Ulla,

die Schmerzen lassen allmählich nach. Prof. Brinkmann erzählte mir, vor kurzem habe er einen Fall in der Klinik gehabt, der weit schwerer zu behandeln war. Ein älterer Drehbuchautor, Rausecker oder Reinecker oder so ähnlich, der sich an einer jungen Schauspielerin vergangen hatte, war von Freunden der Vergewaltigten... es muß jedenfalls entsetzlich gewesen sein.

Was hättest Du anrichten können, liebste Ulla, hätten wir wieder Großwildjagd gespielt, Du die Jägerin und ich der Büffel. Stattdessen war ich so vertieft in die Tagebücher von Tucholsky, Puccinis Tosca im Ohr, und ärgerte mich über diesen weltfremden Dilettanten, den ich nach wie vor einen beleidigten, aufsässigen, ja albernen und sentimentalen Intellektuellenclown nenne und dem ich wegen Renitenz und fortgesetzt schlechten literarischen Betragens stets aufs neue ein Ungenügend eintragen muß. Du weißt, mein Täubchen, daß ich mehr zur Literatur der direkten Schweinigeleien neige, denn die Liebe ist unbarmherzig, aber das, was ich da las, war nicht nur langweilig und geschmacklos und vollkommen mißraten, sondern auch noch töricht und verlogen und, vor allem, obszön. Vollkommen jenseits der Liebe (keine Stelle mit Saft und Kraft! Weder drall noch prall, weder deftig noch heftig wie beim grimmigen Idylliker Grass). Es ist geradezu ohne Sinnlichkeit, ohne Wollust – wie bei Updike –, ja, es ist verräterisch, daß so wenige deutsche Autoren von Rang die Liebe besingen – die Liebe alter Männer zu jungen Mädchen, wie Frisch es so meisterhaft kann oder Du, mein kleines, gieriges Vögelchen. (Was macht eigentlich Koeppen?)

Holdes Mädchen, ich wußte ja nicht, daß Du eifersüchtig warst auf meine Affäre mit der Literatur. Dabei war ich doch nur erregt über diesen Widerling Döblin. Diesen manischen Vielschreiber und unverbesserlichen Dilettanten, der seine Reizbarkeit für Literatur hielt und sich ständig selbst im Wege stand. Literatur war vielleicht seine Passion, niemals aber seine Profession, er war ein utopischer Realist und nüchterner Phantast, ein vertrackter Querulant und leidenschaftlicher Krakeeler, ein streitsüchtiger Prediger und gläubiger Anarchist, er war dies und das – indes! Ich verschlang ihn mit Haut und Haaren.

Liebste Ulla, ich denke oft in Goethes Worten an Dich, an jenen Goethe, der der größte Erotiker der deutschen Literatur war, der einmal wissend vor sich hin schrieb (oder war es Raddatz?): »Ihr Saft, geträufelt auf entschlafne Wimpern, macht Mann und Weib in jede Kreatur, die sie zunächst erblikken, toll vergafft.« Ja, liebste Ulla, so lernten wir uns kennen! Aber Liebe

Von Max Engels

macht nicht nur blind, sondern auch redselig, und so schließe ich für heute mit heißen Küssen in Dein Glottertal
Dein

Marcel

PS:
Daß ich Dir so wenig über die Klinik hier schreiben konnte, verzeih! Es sind keine Sperenzien, keine Ausreden. Ich kann nur auf dem Rücken liegen und lesen – und die Klinikwelt interessiert mich ja sowieso nicht.
PPS:
In der Klinikbibliothek stehen nur die allerentsetzlichsten Arztromane, täglich kommt deshalb Walser zu mir und liest aus neuen Manuskripten. Artig fragt er, ob ich's ihm recht mache, er ist halt doch ein lieber Kerl, ein Provokateur gewiß, doch ein schmunzelnder, ein jovialer Aggressor, ein warmherziger Ironiker (Brandung übrigens ein Meisterwerk! Wie da ein alter Herr mit einem blutjungen Mädchen ...). Zum Dank für die Lesestündchen examiniere ich ihn in deutscher Literatur. Nicht selten gebe ich ihm eine Fünf. Ab und zu muß er in der Ecke stehen. Dann zieht er einen schrecklichen Flunsch.

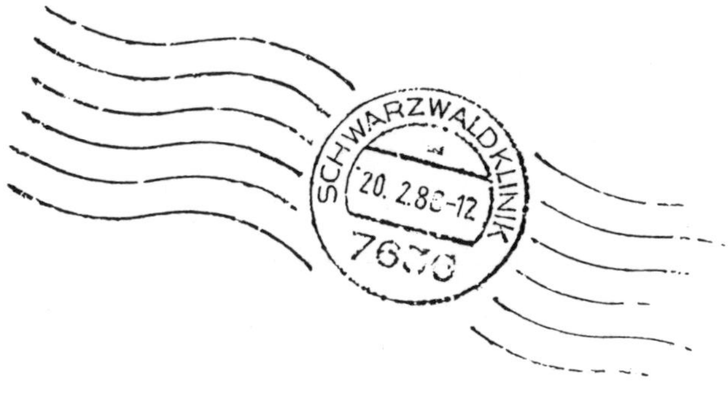

ELSE STRATMANN SCHREIBT AN IHREN GATTEN WILLI, BEVOR SIE UNTERS MESSER KOMMT

Von Elke Heidenreich

Lieber Willi,

gezz gehtet mir schon widder besser un musse dir keine Sorgen mehr machen, fallze dir überhaupt welche gemacht has. Hier isset ja ma zu schön in diesen Schwaazwald! Von dies Waldsterben, woset doch immer alle so mit ham, siehsse nix, alles grün, dabei fährter Oberaazt BMW un der Scheff

glaub ich Merzedes un dem sein Sohn Porsche oder sowatt, un immer direkt bis vor de Klinik, un trotzdem, nä. Alles grün. Also, der Zimmermann hat doch recht, mitte Autos hattat Waldsterben nix zu tun.
Die Klinik is ja ma einmalich, bei mir auffe Stube liecht ne Olle aus Bayern, die kann kein richtiges Deutsch, furchba, watt aame Menschen, die so sprechen müssen, dabei hat die et auch an Unterleib wie ich. Is ja viel Elend hier, so gesehen, überall siehsse appe Beine un schomman wecken Aam un Krebs un alles, da binnich froh, datt ich et bloß en bißken an Unterleib hab, den brauch ich ja auch nich mehr groß, wir verstehn uns, nä.
Der Professor is ja ne dolle Erscheinung. Wenner am Bett kommt un macht Visitte, dann hälter immer ganz lange meine Hand un sacht »Naaaaa, Frau Straaaaaatmann«, sachter, »wie gehtet uns denn heute?«, un dann sarich: »Och, *mir* gehtet gut, Herr Professor, wie et Ihnen geht, weiß ich ja nu nicht«, un dann lachter immer un sacht, »Waatense, Ihnen wirtatt Lachen hier drin aunnoch vergehen«, aber da machter wohl Späßken.
Obwohl... manchma werdich ganz unsicher, ob datt wirklich en echten Aazt is, weil, richtich aabeiten siehsse den nie, immer nur mitte Gattin auffe Wiese un mitten Hund un watt weiß ich noch alle, un der Herr auf Zimmer 14, der wegen ein Furunkel an Hintern gekommen is, der hat gezz keine Milz mehr, un die Frau mitte Schilddrüse, der hamse aus Versehen die Eierstöcke – aber, Gott ja, sowatt kann ma vorkomm, nä, jeder kann ma irren, un solange et die AOK bezahlt, isset ja auch egal.
Geflecht isser ja, der Professor... et heißt, dattet in seine Ehe kriselt – inne richtige – nä, in der mit Christa – nä, gezz kommich ganz durchenander, aber jedenfalls sintie Frauen hier alle ganz wild auffen Professer, dabei sachter selbs immer, meine Dam, watt hamse bloß an mir, ich hab gefärbte Haare un kriech ne Glatze un trach Kontaktlinsen, unnen Bauch habbich auch, da kannze ma sehen, watt fürne Selbsterkenntnis, du dagegen...
Nebenan liecht eine Frau, die issen ganzen Tach am Weinen, weisse, die wohnt inne Lindenstraße, un die hat son Heimweh danach, da wäret alle so schön gewesen, sachtse, hier dagegen, nix wie Trubel –
Da hatse ja recht, weil diese Kaffeefahrten, die sind wirklich furchba – jeden Tach komm vierzich Busse, morgens um neun der erste, un dann wälzense sich hier durche Klinik un wolln de Lernschwester Elke sein Lachen hören un ma am Kriechsdienstverweigerer fassen, obber beißt, aus Hamburch kommse un ausse Lüneburger Heide un aus Baden-Baden un wo nich noch alle her, un der Professer nimmt Eintritt un tut dann in Opperationssaal immern Stücksken aus sein Büchsken vorlesen: »Mein Leben als Professor«, datt kost nomma fümf Maak extra, hinterde Penunzen is der ja her wie der Teufel hinterde aame Seele, tja, son Häusken un sonne junge Olle, datt kostet, nä.

Hier sind auch viele berühmte Leute, der Todenhöfer is grade widder da zum Liften, fürm Wahlkampf, nä, un nächste Woche kommter Möllemann, der hat watt am Rückgrat, zu weich oder so, wollnsen wohl ne Stange reinmachen. Der Lojewski von Report wa auch da, dem hamse datt kleine Mündchen en bißken größer opperiert, datter all die Pampichkeiten besser rauslassen kann, die er immer gerne sacht, un morgen kommter Scheff von diese Bunte-Illustrierte, den wollnse untersuchen, obber noch richtich im Kopp is, weiler den Boenisch in seine Zeitung schon widder ne Kolumne schreiben läßt, un dem seine Kolumnen kenn wer ja noch.
Tja, Willi, die Tage komm ich dann wohl unterm Messer, aber denk dir nix, wird schon gutgehen, un wenn nich, datt Spaabuch liecht inne Kommode unterde Socken. Rauch nich soviel, dattie Gadin nich gelb wern, un wennze ma kommz, dann bring mir die waamen Schlüffkes mit, weil ich muß immer so lange auffen zugigen Flur rumstehen, wenn die Frau aus Bayern Löwenthal kuckt un Dalli Dalli, un eher hol ich mir ja noch watt anne Blase als am Kopp, bis die Tage,

es grüßt dich deine Gattin
Else

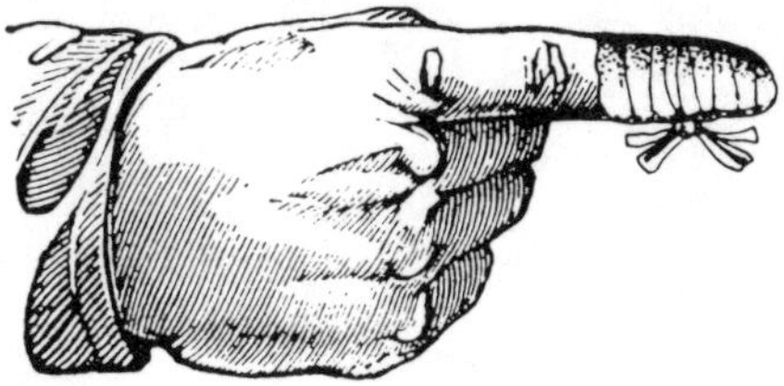

GOETHE KORRESPONDIERT MIT ECKERMANN
ÜBER EIN PAAR REDAKTIONELLE ÄNDERUNGEN

Lieber Eckermann,

ich denke hier viel über den Faust nach. Wir müssen noch einiges ändern, wenn das ein Erfolg werden soll. Vor allem muß diese ganze Düsternis raus! Gleich am Anfang: »Ihr naht euch wieder, schwankende Gestalten...« — schlecht. Ganz schlecht. »... die früh sich einst dem trüben Blick gezeigt.« So geht das nicht. Seit ich hier bin, sehe ich das alles anders. Wir schreiben: »Ihr naht euch wieder, weiße, strahlende Gestalten, die früh sich einst dem frohen Blick gezeigt.« — Na?
Überhaupt müssen wir Namen und Titel ändern. »Faust« ist viel zu dumpf und aggressiv. Der Chefarzt hier heißt Brinkmann — der schwebt mir übri-

Von Michael Ammann

gens auch so in etwa als Typ vor. Und als Titel »Brinkmann – Der Tragödie erster Teil«. Warum nicht? Das Reimschema kriegen wir schon wieder hin. Die Walpurgisnacht muß ganz raus. Ja, ja, ich find's auch schade, aber Du kennst doch die Redakteure in Mainz. Wenn wir auf die 19.30-Schiene wollen...

In diesem Sinne

Dein JWG

PS:

Das Wichtigste hätt ich fast vergessen: Mephisto fliegt raus! Brinkmann steht natürlich mit dem Herrgott im Bund.

Mathias Kneissl, Jahrgang 1875 und letzter bayrischer Räuber, schreibt einen Bericht für die Lokalseite des »Glottertaler Boten«

Leabe Schriftleitung,

das ist enk schon was gwen, sellmals, wies mich in Geisenhofen kassiert ham, kann's ihnen nicht einmal verdenken, denen grünen Hunt von Schandarm, hab sie ja lang genug pratzelt, fünf Monate lang, da hams halt nachher ihre Wut auf mich durch ihrene Gewehrer loslassen, ham herpledert was die Läuf hergeben ham und iss für sie ein leichtes Derwischen gwen mit mein Bauchschuß, an rechten Arm hin und die link Hand, da hams kei Angst mehr ham müssen vor mein Drilling und ham mich leicht neinführn können auf München.
Aus und vorbei iss, Hias, hab ich mir denkt, jetzt geht's dahin mit Salat ind Stadt, aus Epfe, Amen.
Gar nicht auch. In die Chirurgische hams mich tan, zamgflickt hams mich erstklassig und rausgefüttert, Menasch hervorragend und Bedienung alabonnör. Brief hab ich kriegt von die Weiber, parfümierte Liebesbriefe, sogar Heiratsanträge, und Blumen, ganze Meere!
Sauber richtens mich zamm fürs Schafott, die mögen keinen Maroden nicht köpfen, gell Doktor? Der junge Dokter hat sich nämlich ganz bsunders um mich angnommen, Brinkmann der Name, Assistenzarzt.
Wennst mich so direkt fragst, Kneißl, sagt er, dann kann ich dir beim besten Willen nicht Unrecht gem. Ein weng schwummerig iss mir da dann samtdem worn, aber ich hab mir doch gar nix anders erwart, mit ein Schandarmmörder werns nicht lang Schnitz machen.
Kneißl, sagt er da, der Dokter, da tät ich dir, wos jetz schon einmal so ist, da tät ich dir ein Gschäft vorschlagn. Mitn feinen Lebn wird's ja vorbei sein, wennst aus der Chirurgischen raus und wieder ins Zuchthaus nein kommst. Dort könnt jetz ich dir ein schöns Lebn verschaffen, vor allem Bier soviel wie du willst, bisd, weißt schon. Weiß schon, Dokter, bis i halt mein Kopf ind Maschin nei bring. Und was soll i dafür machen?
Nix, sagt er, der Brinkmann, bloß unterschreibn, daß du mir ghörst, wenn alles vorbei is.
Und was machas nacha mit mir?
Also, was der mir dann erzählt hat, da is mir vielleicht der Brotladen runtergfalln!
Des mitn Freibier erklärt sich leicht, wenn man weiß, daß dem Brinkmann sein Vater Brauereidirektor beim Pschorr gwen ist. Aber des hat schon noch eine andere Bewantniß ghabt auch. Weil, hat er gsagt, der Dokter, er mir gleich danach mein Kopf wieder annähn tät und mich nacher eingfrierert.

Von Eugen Oker

Im Pschorr sein Eiskeller. Weil er nämlich wisschenschaftlich der felsenfesten Überzeugung is, das ma eines Tages fähig sein wird, eine gsunde Leich, wo sich ja im Eis gut halt, wiederbeleben kann – und gsund wär ich ja gwen, pumperlgsund. Das wird zwar sei Zeit dauern, biss soweit is, zehn, zwanzg Jahr oder mehrer, aber er drauert sich drauf wetten, der Dokter, hat er gsagt. Also ich sag enk, der hat dermaßen überzeugend gredt, das ich es ihm pfeilgrad glaubt und unterschriebn hab.
Daher kummt auch dessell, das schreibn ham kenna in da Zeidung, der Kneißl Mathias wär ganz gefaßt zum Schafott geschritten. Und des Gspaßettl derzählns ja heit no, wiari gsagt hab wias mich in der früh umma fünfe gweckt ham: Der Tag fangt ja guat oo!
Noja, an den Schrieb da secht's ja, das a net glogn hat, der Dokter. Und i hab vielleicht net schlecht gschaut, wiari die Augn aufmach und da Brinkmann steht vor mir. Hättn bald nimmer kennt, alt isa worn, der Dokter, da muß ein Haufer Zeit vergangen gwen sein, bisd Wissnschaft des richtige Auftauverfahrn gefundn ghabt hat. Und nachher hat er mit alles derzählt. Da werds jetz spitzn!
Er is nämlich gar nimmer der meinige Dokter gwen, der Brinkmann, dersell vo dortmals, sonders der seinige Bub! Sein Sohn, weil seit damals sind enk doch glatt über achzg Jahr ins Land gangen gwen: Mein damaliger Brinkmann hat später, seinerzeit, ins Badische nüber gheirat, eine Tochter von ein Dokter mit einer Pfunds-Brifatglinik, im sogenannten Glottertal im Schwarzwald. Mich hat er natürlich mitgnommen, tiefgekühlt, aber von da an elektrisch. Einen Buben hat er kriegt, der wo natürlich auch auf Dokter studiert hat, ja der is sogar ein Brofessor worn. Und der hat nachher von sein Vater die sell Schwarzwaldklinik samt meiner vermacht kriegt, und der iss auch gwen, wo mich auftaut und wiederbelebt hat, ein Schenie, sag ich enk, der Brofessor Brinkmann, ein Schenie, wie sein Vater selig!
Da bin ich also jetzer in derer Schwarzwaldklink und ich kann enk nur sagn, daß mir saugut geht und vielleicht komm ich sogar bald einmal am Fernseh.
Da drauert ich mich gleich wetten, das ich dann wieder an Haufen barfümierte Brief krieg von die Weiber mit Heiratsanträg und Blumen, massenhaft, wie in der guten, alten Zeit in der Chirurgischen in München bevor ich dann in Augsburg den Kopf ind Maschin neinbracht hab.
Aber des wißts schon: desmal such ich mir eine raus, eine junge, fesche, reiche. Die wird nachher packt!
Mir hätt ja die Schwester Christa in die Augn gstochen. Und ich glaub, ich hätt ihr auch net schlecht gfalln. Aber da ist mir dann der Brofessor selm ins Gäu kommen. Und dem hab ich ja nicht die Tour vermasseln wolln, schon aus Dankbarkeit. Den hats ja nachher gheirat, die Schwester Christa,

obwohl er viel älter is als wie ich, aufn Fuchzger geht er schon hin, glaub ich.
Ich selber bin ja in derer ganzen Zeit überhaupts nicht älter worn, weil als gsunde, eingfrorne Leich haltst dich natürlich tadellos, logisch, weilst dich nicht so abnützt als wie wennst leberst.
Und drum staunt ein jeder, wenn ich sag, daß ich hundertelf Jahrt alt bin und alle meinen, ich schauert viel jünger aus, höchstens wie dreißig.
Praktisch, sag ich enk, des Eingfriern. Und so is des schon ein recht ein Massl gwen, daß mich köpft ham, aber freilich, ohne de Dokter Brinkmann senior damals und sein Sohn, den heutigen Brofessor Brinkmann junior mitsamt seiner Schwarzwaldklinik, da tät ich heut noch mitn Kopf unterm Arm daherkemma.

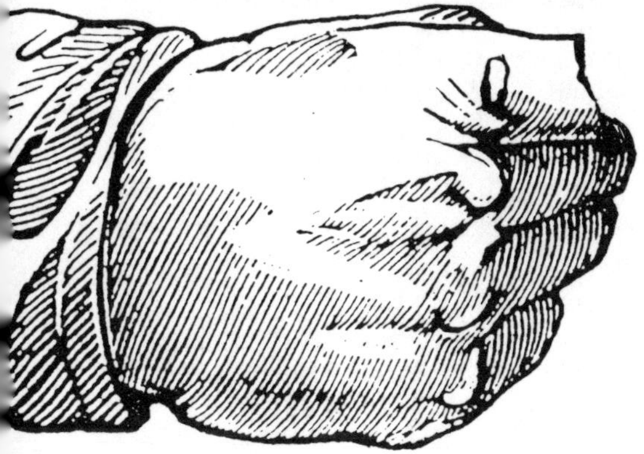

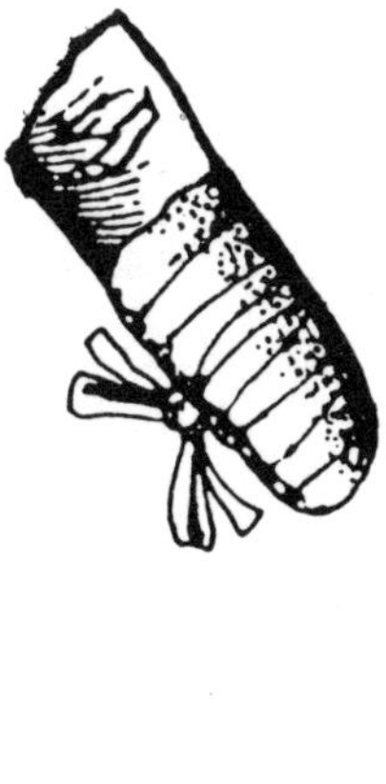

Diese Autoren haben den Patienten die Hand geführt:

Volker Kühn, Jahrgang 1933, arbeitet als Rundfunk- und Fernsehautor und -regisseur mit besonderer Vorliebe fürs Satire-Fach. Letzte Buchveröffentlichung im Rasch und Röhring Verlag: »Ich bejahe die Frage rundherum mit Ja« — Einführung in die Kanzlersprache (Mitautor: Günter Walter).

Joachim Steffen, Jahrgang 1922, langjähriger Landesvorsitzender der SPD in Schleswig-Holstein, verbringt den sog. Ruhestand in St. Peter-Ording und in Österreich. Schreibt seit vielen Jahren als Kuddl Schnööf Hintersinniges zur Politik.

Heipe Weiss, Jahrgang 1947, Saarfranzose, lebt in Frankfurt am Main als freier Schriftsteller und Übersetzer.

Hendrik Crasemann war freier Mitarbeiter bei »Pardon«, »Tip« und der »Frankfurter Rundschau«, gab zwei Cartoon-Bücher heraus und lebt als Arzt in Bremerhaven.

Jürgen von der Lippe, Jahrgang 1948, TV-Unterhalter (»So isses«, »Donnerlippchen«) beim WDR.

Hans Conrad Zander, geb. 1937 in Zürich, lebt in Köln; wurde durch Satiren im WDR und durch Reportagen im »stern« bekannt. Seine Erzählung »Die Diebe von Köln« wurde 1983 mit dem Kisch-Preis ausgezeichnet.

Ekkes Frank, geb. 1939, Volljurist, seit 1970 Autor, Redakteur und Produzent (z. B.: »Wer dreimal lügt«, »Goldener Sonntag«), schreibt Hörspiele, Satiren und Kabarett-Texte (»Die Stichlinge«, »Kom(m)ödchen«, »Renitenz-Theater«) und Lieder (5 LP's).

Michael Klaus, geb. 1952, lebt mit Frau und Sohn als freier Schriftsteller in Gelsenkirchen. Schreibt Gedichte, Romane, Hörspiele, Satiren. Zuletzt: »Unheimlich offen, Geschichten vom neuen Lebensgefühl«, Reinbek 1985.

Jürgen Buchmann, geb. 1945, lebt in Bielefeld. Schreibt Satiren (u. a. »Warten auf die Atombombe«, Reinbek 1986) und poetische Werke.

Roswitha Fröhlich, geb. 1924 in Berlin. Kunst- und Germanistikstudium. Mitarbeiterin des Süddeutschen Rundfunks, Studio Heidelberg-Mannheim. Zahlreiche Buchveröffentlichungen.

Hansjürgen Jendral, Jahrgang 1934, schreibt Glossen für Zeitungen und Rundfunk sowie Sachbücher. Der ehemalige Sportredakteur studiert heute mehrere Wissenschaften sowie das Leben derer, die man Großkopferte nennt.

Herbert Bonewitz, geb. 1933, ist als Satirenschreiber, Karikaturist und Autoren-Kabarettist tätig. Schallplatten: »Ein Narr packt aus« (1975), »Total im Bild« (1984). Satirische Beiträge für Funk, TV und Print-Medien.

Wolfgang Körner, Jahrgang 1937, lebt

als freier Schriftsteller, wo immer es ihm gerade gefällt. Nach mehreren sozialkritischen Romanen schreibt er jetzt vorwiegend Satire, zuletzt 13 Drehbücher für die TV-Serie »Büro, Büro«.

Dieter Huthmacher, geb. 1947, Graphiker, Zeichner und Liedermacher; 1977 Stipendium Villa Massimo, Rom; zahlreiche Buchillustrationen, Cartoon-Bücher, Graphik-Ausstellungen und Konzert-Tourneen.

Wolfgang Sieg, geb. 1936, veröffentlicht seit 1967 satirische Romane und Kurzgeschichten, schreibt niederdeutsche Texte für den Funk und lebt als Oberstudienrat bei Elmshorn.

Bernd Pohlenz, geb. 1956, lebt in Berlin als Zeichner und Graphiker; veröffentlichte zahlreiche Cartoons, u.a. in »Lui«, »Penthouse«, »Titanic« und »Tip«.

Erich Virch, geb. 1950, studierte Germanistik, Anglistik und Kunst, war dann als Musiker, TV-Moderator (»Schülerexpreß«) und Kunsterzieher tätig; schreibt jetzt Satiren, Lieder, Gedichte und Hörspiele für den Funk.

Thomas C. Breuer, Jahrgang 1952, Kleinkünstler, schreibt Liedtexte, Parodien, Satiren, tritt zwischen Flensburg und Bern auf der Bühne auf und betreibt in Heidelberg den Kleinverlag »Schlechterdinger Bote«.

Werner Geifrig, geb. 1939, lebt als freier Schriftsteller und Regisseur in München. Autor zahlreicher Jungendtheaterstücke, Hörspiele, Erzählungen und Gedichte. Mitbegründer des Münchner Crüppel Cabarets.

Jens Hagen, geb. 1944, studierte und lebt als freiberuflicher Schriftsteller in Köln; war einige Jahre lang Kriminalreporter und schreibt für Zeitschriften, Funk und Fernsehen. 1980 Förderpreis für Literatur der Stadt Köln.

Dieter Bromund, geb. 1938, studierte Germanistik und Anglistik und hat einen bürgerlichen Hauptberuf.
Schreibt seit je Stories und veröffentlichte vier Kriminalromane.

Werner Koczwara, geb. 1957, schreibt Satire, ist Gastkommentator beim Funk und arbeitet beim »Scheibenwischer« mit. 1986 erstmals unterwegs mit eigenem Kabarettprogramm. Lebt in Berlin.

Otto Köhler, Jahrgang 1935, lebt als freier Journalist bei Hamburg.

Freimut Wössner, geb. 1945, arbeitet seit 1980 als Zeichner, Karikaturist und Satiriker für »Pardon«, »Titanic«, »Vorwärts« u. a., lebt in Berlin.

Alfons Schweiggert, geb. 1947, schrieb 49 Bücher für Kinder und Jugendliche und 25 für Erwachsene. Jahrelang Mitarbeiter von »Pardon«, Lesungen im Rundfunk und Fernsehen, seit 1985 Münchner Turmschreiber.

Pepsch Gottscheber, geb. 1946, studierte Graphik und arbeitet seit 1971 als freischaffender Cartoonist mit Sitz in München. Sammelbände: »Pepsch Gottschebers Traumreisen«, 1980, und »Immer schön am Ball bleiben«, 1984.

Christoph Treutwein, geb. 1948, lebt als freier TV-Autor in München.

Albert Röhl, geb. 1948, Journalist und Konzeptionstexter in Werbeagenturen, zehn Jahre lang Redakteur, u. a. bei »Pardon« und beim »stern«. Freie Mitarbeit bei »art«, »Vogue«, »Weltwoche«.

Wolfram Eicke, geb. 1955, arbeitete drei Jahre bei der BBC in London, danach beim Funk in Berlin, Baden-Baden und Hamburg. Lebt seit 1984 als freier Schriftsteller in Lübeck.

Uwe Nielsen, geb. 1943, freier Autor und Regisseur, schreibt Satire, Nonsens, Unterhaltung für Rundfunk und Fernsehen. Kabarett seit 1977, 2. Preis im Musical-Wettbewerb Hagen. Lebt in München.

Hardy Scharf, geb. 1939, schreibt Wortkarikaturen, Satiren, veröffentlicht in Zeitungen, Anthologien und eigenen Büchern, ist Mitglied des Schwabinger Brettls »KEKK« und Kellerassel der »Katakombe«, lebt in München.

Gerd Wollschon, geb. 1944, gründete 1966 das Kabarett »Floh de Cologne«. Schreibt Film- und Fernsehdrehbücher, Funksatiren und Beiträge für Zeitschriften und arbeitet als Moderator beim Funk. Lebt in Köln.

Gerd Schmitt-Hausser, geb. 1934, studierte Jura, Geschichte und Zeitungswissenschaft; danach 30 Jahre Journalistenlaufbahn bei verschiedenen Blättern. Buchveröffentlichungen: »Alles über Katzen«, »Die weiße Geliebte«, »Bluff im Büro«.

Lorenz Keiser, geb. 1959, war Lehrer und arbeitete am Theater. Lebt heute als freier Autor in Zürich, schreibt Satiren, u. a. für den »Nebelspalter«, und ist Autor und Regisseur kabarettistischer Rundfunksendungen.

Elke Heidenreich, Jahrgang 1943, lebt in Baden-Baden, moderiert und schreibt und hat Else Stratmann erfunden. Veröffentlichungen: zwei »Else«-Bücher und ein »Deutschlandlied in sechs Sätzen – Kein schöner Land«.

Michael Ammann, Jahrgang 1957, arbeitet beim Film, auch satirisch, und lebt in Berlin.

Eugen Oker, geb. 1919, gelernter Topograph, Buchhändler und Ofensetzermeister, lebt seit 1971 als freier Schriftsteller in München; Rundfunk- und TV-Autor, bekam Astrid-Lindgren-Preis für seine Jugendbücher.

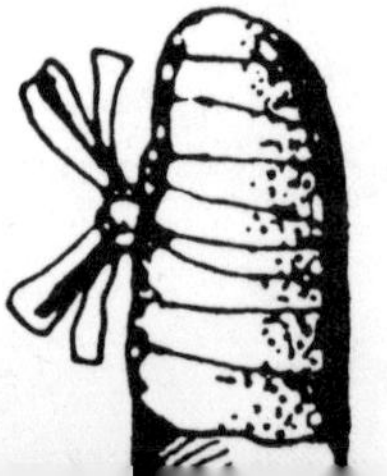